SEMENTES DE UMA NOVA GERAÇÃO

Seja você a mudança que espera no mundo

Dunga

SEMENTES DE UMA NOVA GERAÇÃO

Seja você a mudança que espera no mundo

Canção Nova
EDITORA

Planeta

Revisão: Maria Aiko e Elisa Martins
Diagramação e projeto gráfico: Mauro C. Naxara
Capa: Compañia
Imagem de capa: © Matteo Colombo / GettyImages

CIP-BRASIL. CATALOGAÇÃO-NA-FONTE
SINDICATO NACIONAL DOS EDITORES DE LIVROS, RJ

D937s

Dunga
Sementes de uma nova geração : seja a mudança que espera no mundo / Dunga. - 1. ed. - São Paulo: Planeta, 2015.

ISBN 978-85-422-0500-8

1. Técnicas de auto-ajuda. 2. Motivação. I. Título.

15-20203 CDD: 158.1
CDU: 159.947

2015
Todos os direitos desta edição reservados à
Editora Planeta do Brasil Ltda.
Rua Padre João Manoel, 100 | 21° andar
Edifício Horsa II | Cerqueira César | 01411-000 | São Paulo – SP
www.planetadelivros.com.br
atendimento@editoraplaneta.com.br

SUMÁRIO

Sementes de uma nova geração

Conta-se que, nos tempos da decadência da Grécia Antiga, durante a reunião dos senadores – os homens de maior respeito da nação –, alguém jogou uma maçã podre pela janela e ela se espatifou no chão.

Todos procuraram descobrir quem seria capaz de tanto desrespeito e, antes que alguém tomasse uma iniciativa, um jovem entrou na sala e, agachando-se, tomou os restos daquela maçã espatifada e se explicou:

– Fui eu quem a atirou, nobres senadores. A nação está como esta maçã: apodrecida. Dela nada se pode esperar. Mas, observem – ele acaba de esmigalhar aquela maçã entre os dedos para mostrar as sementes e continua: –, esta maçã podre tem sementes e elas estão sadias, cheias de vida. Assim também é a Grécia. No seu interior há uma nova geração: somos nós, os jovens. Conosco podereis fazer uma nova nação.

Nós somos as sementes desta nova geração.

Esta é a nossa certeza: está se formando uma geração nova. E as sementes estão aí, em nossas mãos. Deus nos deu a graça de lançar uma proposta desafiante: o PHN. Muitos aceitaram e entraram conosco nessa aventura. O PHN tem sido um instrumento eficaz para formar essa geração nova.

É por isso que a Canção Nova não desiste! Temos a certeza de que estamos construindo o Mundo Novo, a civilização do amor. Deus tem especializado a Canção Nova em retirar da maçã podre, que é o mundo, as sementes de uma nova geração.

Com este livro queremos lhe transmitir esta certeza: você é semente de uma nova geração e pode fazer a diferença e o bem a partir de agora!

Acompanhe-me nas próximas páginas e veja como participar desse movimento conosco!

Monsenhor Jonas Abib

Comunidade Canção Nova

PRÓLOGO

Este livro é fruto de uma vivência intensa com jovens que estão renascendo ou ressurgindo dos escombros do pecado.

Imagine-se debaixo de escombros ouvindo a equipe de resgate dizendo: "As buscas estão encerradas".

O que pensaria? Que desespero tomaria conta de você nesse momento!

Pois bem, o que tenho visto, ouvido e tocado ao longo de 29 anos, é que Deus não encerra as buscas e usa de pessoas para isso.

Neste trabalho, de maneira muito simples e longe de uma linguagem literária eloquente, esboço planos baseados na vontade de ver jovens se converterem a Cristo e viverem a grande experiência do PHN[1] (Por Hoje, Não Vou Pecar).

---

[1]PHN (Por Hoje Não) é o movimento de combate contra o pecado direcionado a jovens. Esse nome teve inspiração na música "Restauração", composta por Dunga. (N.A.)

Sinto que este livro os ajudará nas pregações e na vivência pessoal. Coloco-me aberto a críticas e incentivos, desde que isso me leve à maturidade de uma vida cristã.

A você, um convite para uma boa leitura!

Dunga

DECIDINDO-SE PELO SENHOR

Precisamos nos empenhar em agradar a Deus, e não ao mundo, às pessoas.

O que não agrada ao coração de Deus é fazermos de conta que Ele não existe, não fala, não deixou um mandamento. E, ainda, vivermos orientando-nos apenas por conceitos humanos.

Deus nos chacoalha como a uma árvore cujas frutas acabam caindo. Depois, vem alguém para recolher as boas que estão no chão. Dessa maneira, Deus faz cair o que está maduro em nós para que se torne alimento para os outros. Também o que é podre cai para ser retirado do caminho.

"Não apagueis o Espírito, não desprezeis os dons de profecia, mas examinai tudo e guardai o que for bom" (1Ts 5,19-21)[2].

A Palavra de Deus nos orienta a não sufocar nem deixar cair no esquecimento o Espírito, e nos alerta a considerar as palavras dos profetas.

O Pai começou a formar Seu povo e observava que eram teimosos, incoerentes e violentos, mas também sofridos. Por isso, desde o Antigo Testamento, Deus sempre precisou de homens e mulheres, profetas e profetisas, até a chegada de Jesus Cristo, o grande profeta, Filho de Deus. Ele pregou, morreu e ressuscitou, para ajudar a orientar Seu povo. Depois de Jesus, outros profetas têm pregado ao povo e o exortado: os apóstolos, os discípulos, os santos, os papas e os pregadores da nossa época. São profetas que falam de modo contundente sobre a salvação, o pecado e o caminho para a santidade.

Sabemos, porém, que, desde Abraão até o papa Francisco, é o próprio Espírito Santo quem nos converte. O papa ou o padre não dizem que precisamos mudar de vida, quem faz isso é o Espírito Santo de Deus. Ele é a força avassaladora que atua em nosso meio.

---

[2] Todas as citações bíblicas referenciadas nesta obra foram retiradas da Bíblia Sagrada – CNBB, 7ª edição. (N.A.)

Hoje, o mundo secularizado é dominado pelo demônio, que é o divisor das relações. Primeiro, ele rompe os nossos laços com Deus; depois, divide nossos relacionamentos: esposa e esposo, irmãos, pais e filhos. Esse é o trabalho do diabo. Ele vai nos enfraquecendo até chegarmos à beira da morte.

Em gotas pequeninas, vai semeando a divisão e tentando abafar o Espírito Santo em cada pessoa. Quando olhamos um drogado na rua, percebemos a ação do demônio e quase nos esquecemos de que aquela pessoa é templo do Espírito Santo. Infelizmente, é quase impossível acreditar que Deus esteja dentro dela, pois ela está fazendo justamente o contrário do que a Palavra solicita, devido à bebida, à droga, à prostituição, ao adultério e a tantas outras coisas ruins que abafam o Espírito Santo em nós.

O mundo, hoje, nos impulsiona a rejeitar as palavras dos profetas. A ordem de Deus é vivificarmos o máximo possível o Espírito em nós, em nossas palavras, na maneira de olhar, nas atitudes, nos gestos, pensamentos e sentimentos. Não basta não desprezar e ficar passivo, neutro, não falar mal nem bem. Precisamos propagar e proclamar as palavras dos profetas.

Todos nós somos profetas. As mulheres em seu papel de mãe e no meio em que estão; os homens, no ambiente de trabalho e no meio em que vivem.

Precisamos vivificar o Espírito Santo onde estivermos, e não podemos nos deixar levar pelos programas de rádio e televisão seculares que exibem o contrário do que a Palavra de Deus pede. O objetivo desses meios é extinguir o Espírito Santo, desconsiderando as palavras dos profetas e incutindo nas pessoas uma maneira distorcida de pensar. Não podemos, de maneira alguma, ser coniventes com eles.

Como cristãos, precisamos fazer a nossa parte. Não podemos, por exemplo, fazer propaganda da camisinha, mas sim propagar a castidade para todos. Não desprezemos as palavras dos profetas! Pregar o uso da camisinha é muito fácil, qualquer pai ou professor faz isso, mas convencer o filho a viver a castidade exige testemunho da nossa parte. Por isso, é muito mais difícil, mas é o que precisa acontecer.

A castidade é uma luta constante. Quando os maus pensamentos vêm à nossa mente, precisamos lutar e dizer a Deus: "Senhor, este pensamento não é meu, por isso o entrego a Ti". Se não lutarmos, o pensamento se torna sentimento e, depois, um ato de pecado. Não podemos "entregar os pontos".

Precisamos lutar contra nossa natureza pecadora e não deixar que os pensamentos ruins façam um ninho em nossa cabeça. Nossos sentimentos maus não podem nos controlar. É preciso rezar e pedir auxílio. É preciso estar atento!

O mesmo acontece em relação ao nosso corpo. Não nos enganemos com as pessoas que dizem que masturbação não é pecado. Afirmo que é pecado e deve ser confessado. É necessário ter sinceridade com o Senhor. Quando jovem, eu dizia: "Senhor, se eu comprar uma revista pornográfica, vir filmes pornôs, vou me contaminar de alguma forma, minha criatividade ficará excitada e terei vontade de ir ao banheiro para me masturbar. Não posso e não quero fazer isso. Sei que é pecado porque, masturbando-me, com certeza vou pensar na fulana de tal daquele jeito. Dá-me a graça, Senhor, de nesta noite dormir sem a masturbação". Creio que rezar assim comove o coração de Deus.

Precisamos assumir nossos jovens, orientando-os e lutando com eles. Conscientizando-os de que masturbação é pecado, porque é acompanhada de pensamentos e sentimentos que não agradam a Deus.

Se você é um viciado em masturbação, comece hoje a lutar contra ela. A Palavra de Deus diz claramente: "Não apagueis o Espírito, não desprezeis os dons de profecia, mas examinai tudo e guardai o que for bom" (1Ts 5,19-21).

Sendo libertos do mal

Nunca podemos nos acomodar e entrar nos moldes do mundo, que não considera a voz dos profetas e procura extinguir o Espírito de Deus. Precisamos criar coragem e reagir, porque não fomos chamados a ser "molengas" no contexto em que vivemos, mas agentes de transformação.

Deus não me tirou das drogas e da zona de prostituição para que eu falasse sobre coisas fáceis, que não exigem compromisso. Ele buscou-me no prostíbulo, há 29 anos, e colocou-me na Canção Nova para eu falar do que é difícil de viver e assumir. Sendo assim, não fomos eleitos para ser "mais um no meio da multidão", e sim para brilhar e refletir Sua luz.

As famílias estão chorando – com pais em casas de recuperação ou em cárceres há muitos anos – por não levarem em consideração as palavras dos profetas e pecarem. Por isso, a Canção Nova incentiva a juventude a dizer "não" a todo tipo de pecado e a libertar-se deles. O PHN é o antídoto para que o Espírito Santo não seja extinto de nossa vida.

É inconcebível que o vício domine uma pessoa. Não podemos nos deixar escravizar por nenhum vício. É possível viver as 24 horas sem maconha, cocaína, bebida, masturbação e tantas outras coisas, porque tudo isso não vem de Deus, e nós viemos. Basta crer que o que está dentro de nós é mais forte do que todas essas coisas juntas.

Jesus é o Sumo Sacerdote que intercede para que o Pai derrame sobre nós Seu Espírito Santo em profusão. É inadmissível que, tendo recebido essa porção do Espírito, uma pessoa não consiga se desvencilhar de determinado vício. Em nós, há a infinidade da presença de Cristo Jesus, que nos dá a vitória suada, sofrida, mas com o sabor de conquista e de dignidade, escondidas até então pelo vício.

PHN é dizer "não" ao pecado, confiando na força de Deus que habita em nós; porém, quando cairmos, precisaremos procurar a confissão e começar tudo de novo.

O sacramento da confissão é um excelente aliado no desafio de guerrear contra o pecado e na reconciliação com Deus, mantendo a passagem livre para Sua graça fluir em nós. Também ajuda-nos a lutar incessantemente, pois, com Ele, vencemos a árdua batalha diária contra o pecado que nos afasta do Senhor.

De onde vêm as guerras? De onde vêm as brigas entre vós? Não vêm, precisamente, das paixões que estão em conflito dentro de vós? Cobiçais, mas não conseguis ter. Matais, fomentais inveja, mas não conseguis êxito. Brigais e fazeis guerra, mas não conseguis possuir. E a razão por que não possuis está em que não pedis. Adúlteros, não sabeis que a amizade com o mundo é inimizade com Deus? Assim, todo aquele que pretende ser amigo do mundo torna-se inimigo de Deus (Tiago 4,1-2.4).

Estamos em constante luta. Nossa briga contra o pecado não para, e a única maneira de ser guerreiro é estar sempre lutando. Se deixarmos de lutar, não seremos mais guerreiros.

A luta acontece principalmente em nosso interior, contra os prazeres da carne. Há muitos homens, conduzidos e dominados pelo seu órgão genital, que só querem prazer. São escravos do pecado. Não têm domínio sobre si.

Fico imaginando o sofrimento daquele que, assim como um animal, é escravo de seus apetites carnais. Não lhe sobra tempo para amar, dialogar, refletir. Por outro lado, vemos a alegria da libertação na vida de outros que, como eu, foram resgatados e libertos. Vemos o novo, vivido todos os dias nas aventuras da santidade proporcionadas por Deus: quantas amizades, quantos relacionamentos, sentimentos, coisas que não imaginávamos que existiam!

Está na hora de entender que somos vencedores e dizer "não" a toda inclinação ao pecado. Somos cristãos, ou seja, somos os ungidos pelo Senhor.

> *Meus irmãos, se alguém de vós se desviar da verdade e outro o reconduzir, que este então saiba: quem faz voltar um pecador do seu caminho errado o salvará da morte e cobrirá uma multidão de pecados (Tiago 5,19-20).*

Precisamos optar pelos profetas de Deus. Os pais precisam dizer a verdade para os filhos, dizendo "não" a todo tipo de vício. É preciso desligar a TV, o computador, o celular e outros aparatos tecnológicos que nos absorvem e dar atenção aos filhos. Os pais precisam saber mais sobre o que acontece com seus filhos, porque, se não derem atenção a eles, o gigolô ou o traficante dará.

É preciso ter tempo para os filhos, pois, se a família não os assumir, o espaço que só o amor preenche ficará vazio e exposto a outros sentimentos, como o ódio, a solidão, a insegurança e a carência. Precisamos resgatar o lar!

Em uma família estruturada, ou seja, pai, mãe e filhos que se relacionam e demonstram amor um pelo outro, por mais dificuldades que surjam, os alicerces continuarão firmes. É necessário dialogar, rezar e demonstrar com palavras e gestos concretos que todos se amam.

Declarar guerra ao que é velho

Você pode se sentir a última pessoa da face da Terra, alguém pode ter dito a você: "Assim não dá mais, já tentei de tudo!". Porém, Deus não desiste de você!

É como uma mãe ou uma costureira que procura, com um pedacinho de ímã, alfinetes perdidos e escondidos nos cantinhos das gavetas ou nos buracos da casa e, com ele, recupera todos os alfinetes. Da mesma forma, Deus Pai quer resgatar Seus filhos e atraí-los constantemente.

O próprio Pai pegou Jesus nas mãos e O colocou em todos os buracos onde estávamos ao longo da nossa vida: nas zonas de prostituição, no vício das drogas, nos lugares perigosos, nos bailes, nas casas de shows, nos becos, nos bares. E, como um ímã, Jesus nos encontrou. Nem sabíamos o que estava acontecendo, mas as mudanças começaram a acontecer, e tudo o que vivemos ficou para trás. Estranhamos a nossa própria mudança e, quando percebemos, até as nossas amizades começaram a ser outras. Dessa forma, nós nos encontramos com o Senhor!

> *Não ofereçais mais vossos membros ao pecado como armas de injustiça. Pelo contrário, oferecei-vos a Deus como pessoas que passaram da morte à vida, e ponde vossos membros a serviço de Deus como armas de justiça (Romanos 6,13).*

Para Deus, o que fizemos está no passado. Ele revela o Seu amor pelo pecador. Nos ama de tal maneira e com tal intensidade que não desiste de nós. Mesmo que nos comportemos como crianças birrentas, relutemos contra esse amor, Ele insiste, persegue-nos, até que nos conquista.

Veja o que São Paulo nos fala na carta aos Romanos:

"Onde, porém, se multiplicou o pecado, a graça transbordou" (Rm 5,20).

Isso não significa que eu tenha de permanecer no pecado para a graça transbordar em minha vida.

Havia uma propaganda antiga que apresentava uma música assim: "Tum ... tum ... tum... quem bate? É o frio.

Não adianta bater, eu não deixo você entrar". Quando o pecado bater em seu coração, na sua mente ou em algum órgão do seu corpo, pergunte: "Quem bate?". Se for o pecado, responda: "Estou morto".

Com a morte de Jesus na cruz, fomos batizados na vida nova que Cristo nos oferece, e o homem velho e a mulher velha também estão mortos.

Se o pecado bater na porta da sua casa, ou alguém o convidar para ir ao motel, ou sugerir que você fique com um "gatinho" ou uma "gatinha", não tenha medo de dizer que não quer. É a Palavra de Deus que nos ampara na decisão.

"Acaso ignorais que todos nós, os batizados no Cristo Jesus, na sua morte fomos batizados?" (Rm 6,3).

Com a ressurreição de Jesus, nós precisamos ter uma vida nova em Cristo: novas amizades, namoros novos, casamentos renovados. Mesmo os profissionais, os evangelizadores, os ministros de música e os pregadores precisam se negar ao pecado e viver com empenho para Cristo.

Deixe para trás o passado e os ressentimentos. Uma pessoa ressentida vai ao passado constantemente e revive sentimentos, acontecimentos, brigas com os familiares, namoros que não deram certo e várias situações frustrantes para ela. Existem pessoas que gostam de ficar deprimidas, outras têm o pensamento negativo recorrente e já acordam enfezadas.

Jesus, com Sua morte, sepultou o velho, o ultrapassado em você. Hoje somos homens e mulheres renovados, revigorados, com ânimo para ter outras atitudes, amizades, propostas, novos projetos e pensamentos. Uma coisa muito boa na caminhada com Cristo são as novas amizades que fazemos, pessoas que o próprio Deus coloca em nossa vida: "anjos" que Jesus envia. Um dos maiores presentes que Deus nos dá são os amigos feitos na fé.

Deus nos dá a graça de nascer de novo e de lembrar daquilo que éramos somente quando for necessário testemunhar para tirar alguém de uma situação difícil, conflituosa.

O testemunho arrasta as pessoas. Quando dizemos quem fomos e quem somos hoje, muitas pessoas são resgatadas por Deus. Vale a pena tocar no passado apenas para que as pessoas se voltem para o Senhor. Elas dirão: "Se ele pôde, eu também posso experimentar essa graça".

Até mesmo o esterco do passado, Deus usa para adubar o presente. Mas nosso passado deve ser lembrado apenas nessa situação, ou seja, para resgatar alguém, pois o passado ruim e longe de Deus para nada mais serve.

Precisamos declarar guerra constante aos comportamentos que já superamos. Testemunhando o homem novo, estamos combatendo o homem velho. Não precisamos ter vergonha do que éramos no passado. Jesus é o Senhor do nosso passado. Ele nos tirou do fundo do poço, nos fez pessoas vivas pela ação do Espírito Santo e, agora, quer falar e agir por meio de você, sua vida, seu serviço, seu sorriso, seu silêncio, suas reações e superações. Tudo fala, quando se tem uma vida nova em Cristo. Mesmo quieto, em um ponto de ônibus, você está evangelizando, pois a nova postura diz que você é de Cristo, ou seja, você é um ungido.

É importante que você compreenda que o nosso passado foi crucificado com Jesus Cristo. Assim, não somos mais escravos do pecado. Existem muitas pessoas dizendo que são donas do próprio nariz: "Faço o que quero da minha vida, vou para onde quero, fumo e bebo quando quero, sou livre". Enganam a si mesmas com uma falsa liberdade e tornam-se, cada vez mais, escravas do pecado.

Você já viu touros bravos com argolas no focinho? Geralmente, aquela região do animal é muito dolorida. Justamente porque os touros são puxados por uma vara colocada nessa argola e levados para qualquer lugar. E um touro enorme e forte pode ser puxado até por uma criança, por sentir dor. O inimigo faz a mesma coisa com aquele que está no pecado, pois coloca uma argola no nariz e fala: "Vem, se você é livre. Experimente isso, experimente aquilo".

Imagine o que um vício poderá fazer com você e aonde o levará. Veja a sua altura, o seu peso. Você pensa, seus neurônios funcionam bem e você tem uma capacidade imensa de amar. Deus acredita em você, mas, às vezes, você é dominado por um cigarro com medidas inferiores a um dedo da mão e que contém veneno cancerígeno.

Não se deixe dominar pelos acontecimentos e muito menos pelos sentimentos. Não procure o caminho mais fácil. Não se submeta a um vício. O homem novo tem de prevalecer sobre o homem velho.

O homem velho foi morto e sepultado. Pela força do Espírito Santo, o homem novo ressurge: aquele que reza, canta, compõe, anda de bicicleta, joga basquete, dirige, ama e tem sentimentos.

Ninguém pode obrigá-lo a cheirar cocaína, a fumar, a trair a esposa, ou o esposo. Em Cristo, você é livre, pois Ele foi pregado na cruz por você. Portanto, o pecado não reina mais em seu corpo mortal. Não ponha os seus membros a serviço do pecado, pois eles precisam estar a serviço da santificação do outro. Sei que é um desafio falar, escrever, pensar, agir e cantar dessa forma. Mas, se não for para servir, eu pergunto: para que viver? Será apenas para chegar ao esgotamento físico?

Tem de haver algo maior, que é Jesus!

Ele é tudo! Ele é o básico!

Sem Ele, nada de bom podemos fazer!

VENCENDO O PECADO

As manifestações do pecado sempre existiram, exatamente como as encontramos hoje.

Na época de Jesus havia orgias, homossexualismo, roubo, abusos etc. Herodes havia matado a sogra, a esposa, o filho e metade da sua corte. Com a metade restante, aconteciam orgias todos os dias. Essa era a situação naquela época, semelhante à que existe hoje.

Atualmente, a mídia está "embrulhando" o pecado em um papel de presente muito bonito para que nos encantemos com a embalagem e compremos o produto. Mas, ao abri-lo, o susto é muito grande, pois, às vezes, trata-se de Aids, overdose, aborto, casamento homossexual, assassinato, roubo. O presente é muito bem apresentado nos comerciais de televisão, nas novelas, nos filmes, na música, nos *outdoors*, nas revistas, na internet.

É muito difícil mexer nessa estrutura, pois ela tem como base o dinheiro. Tudo foi feito para que os pobres sejam cada vez mais miseráveis e em maior número, e os ricos, cada vez mais milionários e menos numerosos. Não adiantará usar forças físicas, somente o poder e a ação do Espírito Santo serão armas contra tal situação.

Na época de Jesus, com o império de César, Roma foi abalada em sua base pela ação dos primeiros cristãos, que se uniam na formação de inúmeras comunidades, cada vez mais carismáticas, partilhando seus bens, conquistando e convertendo cada vez mais pessoas. Foi assim que venceram Roma e fizeram legitimar, por ordem do imperador, o Cristianismo.

É dessa maneira que vamos lutar contra o pecado, que reina no mundo sob a dominação de Satanás.

De acordo com dados do último levantamento realizado pelo Cebrid[3] (Centro Brasileiro de Informação sobre Drogas Psicotrópicas), mais de 19 milhões de pessoas no Brasil admitem já ter usado drogas. Elas envolvem, no mínimo, mais quatro pessoas, seus familiares: pai, mãe, irmãos. Ou seja, fazendo as contas, chegamos à casa de 76 milhões de pessoas com envolvimento no problema das drogas no Brasil.

[3] Levantamento realizado em 2005. (N.A.)

Não dá para brigar com os traficantes ou oferecer-lhes dinheiro, porque nem isso temos. A única maneira de combater o comércio das drogas no Brasil é pela ação do Espírito Santo. Vejamos o que a Palavra nos diz:

> *Não vos atreleis ao mesmo jugo com os infiéis! Pois que afinidade poderia existir entre a justiça e a iniquidade? Ou que comunhão entre a luz e as trevas? E que acordo haveria entre Cristo e Belial? Que partilha, entre o fiel e o infiel? Como combinar o templo de Deus com os ídolos? Ora, nós somos o templo do Deus vivo, como disse o próprio Deus: "No meio deles habitarei e andarei; serei o seu Deus, e eles serão o meu povo". Por isso diz o Senhor: "Saí dessas coisas e afastai-vos, não toqueis em nada de impuro, e eu vos acolherei. E serei para vós um pai e vós sereis meus filhos e filhas, diz o Senhor todo poderoso". Em posse dessas promessas, caríssimos, purifiquemo-nos de toda mancha do corpo e do espírito, completando a nossa santificação, no temor de Deus (2 Coríntios 6,14-18;7,1).*

O pecado nos tempos atuais envolve a moda indecente, as drogas e o sexo livre, e, cada vez mais, tudo isso se fortalece. Existem deputados federais e estaduais que querem legalizar o uso da maconha. O que será que vem depois?

É necessário recuperar as pessoas que, de uma maneira ou de outra, envolveram-se em tudo isso: nossos filhos, pais, irmãos e parentes que estão se perdendo e se matando.

Primeiramente, precisaremos sair da situação de pecado. Não precisamos estar totalmente envolvidos. Somente o fato de ser complacentes já nos faz coniventes.

Se no ambiente de trabalho as pessoas vivem fazendo comentários maliciosos, precisamos ser os primeiros a não sorrir, deixando bem claro os nossos valores. Somos cristãos e não podemos acolher tudo o que as pessoas falam. Quando possuímos valores cristãos bem definidos, saímos facilmente de qualquer situação que não nos convém.

Muitos jovens vão para vários encontros, participam ativamente de todas as orações, mas, quando voltam para casa, não conseguem se manter firmes como cristãos.

Eu já fui jovenzinho, ia aos encontros e vivia tudo o que era próprio deles, mas, quando voltava para casa, não conseguia manter o meu ser cristão. As pessoas contavam piadas e eu dava risada, depois saía com muita vergonha. As meninas envolviam, no clima de sedução, a mim e aos meus colegas que também faziam os encontros, e não conseguíamos manter o homem velho preso. A solução para isso é pedir fortaleza ao Senhor, porque a Palavra nos afirma: "Pois, quando sou fraco, então sou forte" (2Cor 12,10).

Precisamos iniciar um novo estilo de vida nos ambientes em que vivemos, ou seja, dentro de casa, na rua, no bairro. O que fazemos causa impacto nas pessoas. Seremos conhecidos por aquilo que somos. As pessoas começam a nos respeitar de acordo com a nossa postura e, se a postura é cristã, então nossas conversas e reações serão dignas de elogios.

Quando vivemos a santidade, atraímos as pessoas que desejam viver esse mesmo ideal. Começamos, então, a atuar contra o pecado em nossa casa, em nossa rua, em nosso bairro, e nos tornamos um fator de mudança e questionamento no coração e na mente das pessoas.

O dia em que estivermos fortes o suficiente para não cair mais no pecado, seremos as pessoas mais indicadas para voltar àquele meio em que vivemos e falar de um Deus vivo e verdadeiro que agiu em nossa vida. Porém, antes, precisamos ficar um tempo afastados, para que nossa recuperação seja completa e se estabilize, e nossa vida volte a se organizar.

Tive oportunidades de conversar com amigos que comigo pecaram na juventude, e dizer-lhes: "Irmãos, vamos conversar sério". A maioria deles usou drogas, prostituiu-se e cometeu adultério. Porém, muitos já mudaram de vida por causa de uma conversa desinteressada e amigável, em que apenas relatei o que Deus fez em minha vida.

Saiba que o ambiente em que você vive está envolto em situações de pecado. Comece, então, renunciando a relacionamentos que não são vitais para você. Acabe com todas as situações de pecado nas quais você se encontra e, depois, estando mais forte, Deus o usará para resgatar os velhos amigos.

"Em posse dessas promessas, caríssimos, purifiquemo-nos de toda mancha do corpo e do espírito, completando a nossa santificação, no temor de Deus" (2Cor 7,1).

Somos depositários do Espírito Santo de Deus. Se vivemos os frutos deste Espírito, mudamos toda a situação. Antigamente, vivíamos sob o domínio da carne, porque o pecado nos proporcionava prazer, porém não trazia paz para a alma e nos fazia sentir imensa saudade de Deus.

São bem conhecidas as obras da carne: imoralidade sexual, impureza, devassidão, idolatria, feitiçaria, inimizades, contenda, ciúmes, iras, intrigas, discórdias, facções, invejas, bebedeiras, orgias e outras coisas semelhantes. Eu vos previno, como aliás já o fiz: os que praticam essas coisas não herdarão o reino de Deus. O fruto do Espírito, porém, é: amor,

alegria, paz, paciência, amabilidade, bondade, lealdade, mansidão, domínio próprio. Contra essas coisas não existe lei (Gálatas 5,19-23).

Tínhamos os prazeres e gozos da carne enquanto não havíamos tido um encontro pessoal com Jesus Cristo. Talvez os nossos pecados tenham sido involuntários, mas hoje somos chamados a viver os frutos do Espírito Santo. É com esses frutos que lutaremos contra o pecado nos lugares em que vivemos.

Uma pessoa feliz faz outra feliz. Tive um cunhado que morreu de câncer no pulmão e, em seus últimos dias no hospital, no meio de muita agonia, ele ainda brincava comigo. A alegria dele abalou minha estrutura.

Se nós nos afastamos do pecado e somos batizados constantemente no Espírito Santo, passamos a viver Seus frutos e começamos a derrotar o pecado ao nosso redor.

Podemos combater os pecados que existem em nossa família e em nosso trabalho. E, uma vez que os nossos familiares e amigos não estão mais em pecado, eles também irão redimir outras pessoas, e assim consecutivamente. Dessa forma, ajudaremos a implantar o Reino de Deus, como fizeram os apóstolos. Naquela vez, houve derramamento de muito sangue. Desta vez, Deus nos quer resistindo até o sangue para não pecar.

Faça da sua casa uma pequena Canção Nova. Nela o pecado não tem lugar. Nossas crianças já sabem quais desenhos animados podem ver e que não podem assistir às novelas. As nossas músicas são músicas que constroem. Não permita que, na sua casa, o pecado cresça. Precisamos contagiar uns aos outros para que ele seja vencido no mundo inteiro.

VIVENDO NA SABEDORIA

A juventude é a fase em que mais sofremos as investidas do inimigo, enfrentamos as maiores batalhas e ficamos com os sentimentos à flor da pele. É uma guerra em que nos machucamos e ficamos muitas vezes mutilados. É difícil. Porém, não ir para a guerra significa não conhecer o sabor da vitória. Quem não luta não tem muitos problemas nem dificuldades, mas também não alcança a vitória.

É assim que acontece com alguém que está em pecado: como um porco, lambuza-se todo e se mistura tanto à lama que não quer sair mais. Mesmo sendo lavado, o porco retorna à lama. Quem não luta contra o pecado torna-se semelhante a esse animal acostumado à vida do chiqueiro.

Muitas vezes, permanecemos no pecado e em suas consequências porque não quisemos lutar.

Aproveito para contar a história de um homem que colecionava e comercializava o seu baú cheio de tesouros. Além do baú, possuía tecidos, tapetes, terras, gado, cavalos, casas, enfim, era muito rico. Viajava bastante e sempre comprava algo que ainda não possuía. Assim, foi ajuntando tesouros, até que, um dia, em uma das viagens, deparou com uma pérola negra e encantou-se. Era única no mundo! Em nenhum dos lugares pelos quais já tinha passado havia visto aquele tesouro. Quis possuí-la e foi até o dono da pérola.

Pelo fato de não haver nada parecido no mundo inteiro, o proprietário tinha todo o direito de pedir o valor que quisesse, e foi o que aconteceu. Ele pediu um preço tão alto que era quase impossível alguém possuir todo o dinheiro.

O comerciante achou o preço exorbitante, mas, como um bom negociante, fez o cálculo de todos os seus bens, incluindo a roupa do corpo, e percebeu que teria o dinheiro suficiente para comprar a pérola. Voltou para casa, juntou tudo, vendeu, comprou a pérola e saiu vestido com o mínimo necessário para não estar nu.

Olhava a pérola sem ter para onde ir, pois tinha vendido a casa e tudo o que possuía. Achou então uma árvore e sentou-se à sua sombra, contemplando o seu tesouro. Ninguém era mais rico do que aquele homem, mas também ninguém era mais pobre do que ele. Nada custava mais do que a sua pérola e ele era feliz. Tinha encontrado o que sempre havia buscado. Aquele homem acumulou riquezas por toda a vida, achando que nelas seria feliz, até encontrar a pérola. E, quando a encontrou, teve de se desfazer de tudo para comprá-la.

Nossa situação é parecida: não temos carneiros, tesouros, contas bancárias gordas, cheque especial, muitos não têm carro nem cartão de crédito. Mas, ao longo de nossa vida, adquirimos falsos tesouros, como o pecado, por exemplo.

O pecado nos impossibilita de buscar o tesouro da felicidade e da paz, que é o próprio Deus. A mesma paz que Ele produziu quando se levantou no barco e mandou o mar ficar calmo. Jesus é essa paz na agitação da vida. A alegria verdadeira e plena. Muita gente procura esse tesouro em lugares impróprios e não o encontra. Sabemos que Jesus está em todas as pessoas, mas não em todas as situações. Existem situações em que somente o diabo está. E nessas situações é que, ao longo da vida, fomos buscar a felicidade: em uma zona de prostituição, no tráfico de drogas, em uma loja, gastando além do que podíamos e ficando endividados. Buscamos a felicidade na violência, na loucura, nos modismos, na novela, na traição, em situações nas quais Deus não está, e acumulamos misérias dentro de nós.

Hoje, alegre-se! Sua busca acabou!

Até mesmo o que temos de material, adquirido com muito custo e trabalho, passa a ter mais valor, mais sentido e mais gosto porque encontramos o grande tesouro, que é o próprio Deus.

Você que estava na pior, na lama, na fossa, pode ter uma vida que valerá a pena. Durante muito tempo, eu morei em uma casa que tinha fossa – um buraco no chão onde se faziam as necessidades –, creio que "ficar na fossa" não deve ser nada agradável. Você que está na fossa, na lama, no fundo do poço tem direito de encontrar seu tesouro, sua saída, seu amor, sua salvação. É seu direito!

Ser jovem vale a pena! Davi, João Evangelista, João Batista, Nossa Senhora, Paulo e tantos outros tiveram a experiência de se encontrar com o Senhor em sua juventude. Na Bíblia está escrito assim:

"Filho, desde a juventude recebe a instrução, e encontrarás sabedoria até a tua velhice" (Eclo 6,18). "Porque há amigo de ocasião, que não persevera no dia da desgraça" (Eclo 6,8).

Ou seja, é na juventude que acumulamos experiência de vida e sabedoria. É na juventude que rompemos com todo tipo de pecado, que o homem velho morre. Então, morrer, na realidade, é passar pelo segundo parto. Só estaremos no Céu com Deus quando morrermos. Não há outro jeito, pois morrer para o pecado significa, aqui na Terra, experimentar vida nova e um verdadeiro parto. Para nascer, é preciso coragem e esforço!

No ventre da mãe estávamos tranquilos, não sentíamos fome nem frio. Mas, um dia, tivemos de nascer. Também vamos nascer para o Céu. Entretanto, será um nascimento mais sofrido porque precisaremos morrer. Essa vida é um útero do qual precisaremos nascer para Deus.

Todo jovem passa por fases. Uns passam pela fase da maconha, da insegurança; outros, da contestação, da prostituição, da violência, das dificuldades na vida afetiva. Quando um jovem começa a estudar fora, enfrenta outras dificuldades de adaptação, faz vestibular, faculdade, vê-se longe de casa, daquele ambiente natural que o formou, distante do auxílio dos pais e, geralmente, é neste momento que se apresenta a ele o cigarro, a bebida, o sexo, o homossexualismo. Mas, já que é uma fase, precisa vir e ir embora. Contudo, algumas pessoas entram nela, colocam-na em suas costas e arrastam-na para o resto da vida: trinta, 35 anos, quarenta, cinquenta, sessenta anos, e se transformam em idosos inconsequentes. Saiba: existem três espécies de pessoas que Deus detesta: um rico mentiroso, um pobre orgulhoso e um ancião arrogante e insensato (cf. Eclo 25,3-4).

A pessoa arrasta aquela fase e, quando chega aos 65 anos, diz: "Preciso arrumar outra mulher". A fase que era normal, na juventude, é arrastada até os oitenta. Morre e vai para o Inferno. Ele se "matou", não houve nascimento.

Seja esperto e evite isso. O que você tem experimentado é lixo, mas você tem visto como tesouro. Tudo isso vai pesar demais em seu baú; chegará a um ponto que você não aguentará e ficará prostrado por causa do pecado.

Atualmente, os conceitos difundidos, principalmente pela TV, são bem distorcidos. O mundo nos faz engolir um monte de "necessidades criadas", que aceitamos naturalmente. Fazemos exceções aqui, ali e engolimos cigarros, maconha, cocaína, prostituição, camisinha, programas televisivos de baixo nível, músicas e filmes que não prestam, toda espécie de sujeira, que, sutilmente, o mundo incute em nossa vida. Chegará a hora em que essas coisas engolidas se romperão dentro de você e o matarão. Diga não, agora! Suporte a pressão dos amigos, fuja das situações que fazem você pecar, desviar-se do caminho de Deus.

Um homem morreu e ia passar por um local repleto de propagandas do Céu e do Inferno. Viu uma das propagandas do Céu: todo mundo louvava a Deus, era grande a alegria, todos estavam ali na paz, tudo era muito lindo. Como já estava acostumado com essa linguagem, ele achou muito "legal" e continuou a andar. Viu então a propaganda do Inferno: cachaça, todo mundo pulando, gritando, aproveitando a vida... Ele falou: "Oba! É isso que eu quero!

Pinga cerveja, maconha, muita gente cantando, sorrindo. Esquindô, esquindô! É para lá que eu quero ir".

Apertou o botãozinho vermelho e foi. Quando caiu no Inferno, levou uma garfada no traseiro. Começaram, então, a chutá-lo e a agredi-lo fisicamente e jogaram-no no caldeirão de óleo quente. Ele disse: "Ai! Não foi isso que eu vi na propaganda!". O diabo lhe revelou: "Sem propaganda, não há Inferno; preciso fazê-la porque se não ele acaba".

Fique fora disso! O Inferno tem feito propaganda aqui na Terra mostrando tudo de maneira gostosa. Você tem acreditado nessa propaganda enganosa! Muita gente tem caído nela, e não é esse o tipo de vida que Deus sonhou para você. Saia dessa vida! Venha para a vida sadia com Deus. Se houvesse Procon para a vida eterna, a grande denúncia seria a propaganda enganosa do Inferno; nela muitos acreditaram, compraram o pacote que ela oferecia e se deram mal.

A verdadeira propaganda é diferente da que você conhece.

O NOSSO TESOURO

Eu e minhas irmãs de comunidade vivemos em sadia convivência. Apesar de elas serem mulheres, não as fico olhando, querendo paquerá-las, seduzi-las, desejando seu corpo. Dentro do sentimento fraterno, nós brincamos, escutamos um ao outro, ajudamo-nos e levamos uma vida boa e frutífera, de sorrisos, partilhas e até lágrimas, algumas vezes. Não existe a malícia em nosso meio e, se existe, não nos distraímos; neste caso a questão é de vida ou morte. Elas, um dia, se casarão, e continuaremos em sadia convivência.

Muitas meninas sonham com o momento em que serão tratadas com carinho, respeito, admiração, e não como um pedaço de carne seca pendurada no açougue. As garotas, em sua maioria, desejam que olhem para o seu interior, para aquilo que sentem e pensam. Esse reflexo é importante, porque o que sou, eu desperto em seu coração. Se eu chegar à sua casa e for mal-educado com você, vou fazê-lo ser mal-educado comigo. Infelizmente, ainda não conseguimos virar a outra face para o irmão bater. Portanto, se uma pessoa é violenta com você, seu ímpeto é reagir, ficar prevenido e devolver na mesma moeda.

Assim é também com a sensualidade. Quando você está em um ambiente sensual, onde as pessoas são e se sentem sensuais, é natural que você também aja assim. Se você se comporta de forma sensual e se exibe, acaba despertando o sensualismo, a malícia nos outros. Você é malicioso nas palavras, nas deduções e cria um ambiente malicioso.

Em Deus não existe isso! Nos ambientes sadios, você será respeitado pelo que pensa e pelo que é, inclusive por suas limitações (sejam elas psicológicas, espirituais, ou até mesmo físicas). Você não será expulso, mas amado, acolhido. A santidade será despertada em você, juntamente com todos os bons sentimentos.

Vale a pena ser jovem de Deus! Você está vivendo em um mundo onde um quer passar a perna no outro para ser alguém. Não vale a pena viver assim! Deus precisa de você ao lado Dele, evangelizando, sendo e fazendo a felicidade acontecer mesmo diante de tantas provações, visando sempre à alegria de quem você ama!

Muitas meninas sonham com a possibilidade de encontrar um rapaz que as ame, admire-as verdadeiramente, respeite-as e considere-as futuras esposas. Você, menina, mulher, precisa sonhar com isso, querer esse bom relacionamento para que consiga viver em sadia convivência com o seu par.

O bom é que, quando nos assumimos como jovens de Deus, temos a real possibilidade de viver assim e de mudar os maus hábitos ao nosso redor. Confessamos os pecados para o sacerdote, somos perdoados e aprendemos a chegar perto do irmão. Com o sacerdote, partilhamos as fases que temos vivido, o que temos sentido, e ele nos entende e nos fala tudo o que precisamos ouvir. Corrige-nos, se necessário, dá-nos atenção, apoio, fortaleza, reza por nós e trata-nos como irmãos. Você não quer viver isso?

Lá fora, não haverá essa oportunidade. O mundo exige que mantenhamos nossa postura implacável, como se não tivéssemos sentimentos. O homem é sempre durão, machão, esconde seus sentimentos e finge que está tudo bem. Mente, diz que já beijou todas, já dormiu com todas, fez isso e aquilo, quando, na verdade, é tudo fantasia para manter uma fama que ele considera muito importante.

Venha para Deus! Você que não sabe mais o que fazer para ser amado ou amada, já usou diversos cortes no cabelo, pôs e tirou brinco, passou batom, usou roupa justa e larga, tênis e sapato, enfim, tentou chamar a atenção de muitas formas. Em Deus, tudo isso acaba. Expresse o que sente e, onde estiver, seja autêntico(a). Jovem, sinta-se amado(a) pelo que você é.

Diversas pessoas começam a roubar desde cedo. Roubam a prova do colega, tiram dez, mas são maus profissionais cujo serviço ninguém quer. Um profissional que não tem Deus é ateu, não tem noção dos princípios divinos, tira proveito das situações, prejudica aqueles que dependem de sua profissão.

Viva a honestidade em sua profissão, seja de Deus. Tudo isso precisa ser buscado durante a juventude, quando temos força física para correr atrás de um objetivo.

Você tem gastado sua disposição física com coisas que não valem a pena, por isso você tem se acabado, tornando-se um "jovem-velho", com o rosto abatido, desanimado, sem sentir prazer no que faz.

Troque as coisas inúteis e sem sentido, que você julgou serem tesouros, pelo verdadeiro e grande tesouro, que é Jesus Cristo. Você será a pessoa mais rica da face da Terra e, ao mesmo tempo, a mais pobre. Jesus Cristo é o grande tesouro, e você precisa persegui-Lo. Não tenha medo, porque é fácil. O difícil é resistir ao Seu amor.

O jovem quer ser modelo, astronauta, piloto, cantor, presidente da república, aparecer na TV e na internet, correr, divertir-se, sonhar, viajar. Está na fase da adolescência e, em constante mudança, briga pela identidade, pelo espaço. Chega em casa, conta os ursinhos e ameaça quem pegou um deles; exige explicações de quem mexeu no seu guarda-roupa sem ser "autorizado".

Após um tempo, o menino arruma uma namorada. Afunda a cabeça no travesseiro, fica sonhando, pensando naquela música, imaginando os dois correndo na praia, cabelos ao vento; desce uma lágrima de emoção. É a vida de jovem!

Os jovens dizem que já são crescidos e querem fazer tudo sozinhos sem precisar pedir permissão e sem ter hora para chegar em casa. Mas, quando precisam, correm para pedir dinheiro aos pais.

O rapaz nem trabalha, não tem dinheiro, é dependente do pai, e quer ser "o bom". É natural do jovem. Porém, quando ele não tem Deus, tudo isso se torna um inferno em sua própria vida e na de seus pais.

Em Deus, tudo isso é singular e bonito. A fase das meninas, que deixam de ser crianças e se tornam moças, encantadas com o "primeiro sutiã"... O rapaz com seu primeiro emprego, seu primeiro salário. É a emoção da juventude! É lindo ser jovem, mas é preciso ter Deus em tudo para não ser pisado pelo sistema, pois lhe falta experiência na vida.

Existem jovens que consideram seus pais ultrapassados por não terem feito o ensino superior, médio, fundamental, nada. Se você é um desses, saiba que você pode ter tudo, menos o que eles têm: a experiência de quem já viveu muito! Você é ótimo, mas não viveu quase nada e tem de ser orientado, como as naves espaciais que, enquanto rumam para o seu destino, deixam os homens aqui embaixo corrigirem o seu percurso nos computadores.

Você tem uma potência muito grande, energia, força, disposição. Eu tenho uma filha de 21 anos, uma de 23 e um filho de 27. Quando eles eram pequenos, eu queria brincar com os três, mas, às vezes, não conseguia. Eles tinham muita energia para gastar. "Pai, agora, você é um cavalo", eles diziam, e eu brincava de cavalo. "Agora, você é o Zorro", e eu imitava o Zorro. "Agora, você é a Barbie".

Um dia, eles quiseram que eu fosse o guarda-roupa. "Mas o que eu tenho de fazer?", perguntei. Eles disseram: "Nada. É só ficar aí na parede parado!", e eu fui o guarda-roupa. Mas, assim como eu não tinha energia suficiente para brincar com eles, seus pais também não têm esse pique todo para ficar com você. O único que tem disposição para estar em todos os momentos e situações com você é o Espírito Santo de Deus. Este vai acompanhá-lo aonde for, soprar em seu ouvido: "Não! Isso não!" e você será sempre livre para acatar ou reprovar.

Muitos têm permitido que o Espírito Santo corrija sua rota, guie-os e coloque-os no percurso. Contudo, várias pessoas tornam a vida difícil e são infelizes por dizerem não à voz de Deus.

Vamos romper com tudo isso? Chega de falsos tesouros! Divirta-se sadiamente, desinteressado pelo ambiente que não presta, pela malícia espalhada no ar. Para que roubar dinheiro do pai e pagar ingresso de um show qualquer por aí? A Canção Nova promove shows de qualidade, dois por noite, e de graça! Aqui, dançamos sem drogas, bebidas ou baixaria; divertimo-nos conscientemente e lúcidos.

Imagino quantas decepções você teve em sua vida. Quantos maus momentos e situações derrubaram-no e fizeram-no voltar triste para casa. Sempre porque você foi procurar felicidade no lugar errado.

Agora, Jesus vai tirá-lo de tudo aquilo em que você se enroscou até hoje. Como está seu namoro? E o relacionamento com seus pais? Não há mais brigas? Como está seu comportamento?

Não custa muito mudar, basta abrir o coração, descobrir as pessoas que o amam e valorizá-las. Valorizamos muito quem não nos ama e quem "não está nem aí conosco". Ficamos atrás dessas pessoas, lambendo seus pés, mendigando atenção, carinho e consideração. Chega! Pare de mendigar! O amor é gratuito! Não precisamos pagar por ele!

Basta lembrar que, com frequência, Jesus está em nossa casa disfarçado. Não sabemos quem é e, por isso, precisamos respeitar e amar a todos. Se for sua sogra, com quem você tanto briga, sabendo que Jesus está lá, passe a respeitá-la. E, tratados bem, todos retribuirão o amor.

Vale a pena ser jovem de Deus! Vale a pena mudar de vida!

Decida-se por Deus!

Eu decidi mudar de vida!
Vou seguir os passos do Senhor,
Vou ser dócil ao Espírito,
Entregar-me em Suas mãos
Vou mudar a minha direção
E saber que Ele é melhor.

Ricardo Sá

É uma decisão. Assim como o perdão não se limita apenas ao sentimento e exige uma decisão, a mudança de vida também exige o ato de romper com aquilo que vem do diabo, unindo-se ao que vem de Deus.

Peça agora ao Senhor:

Senhor, quero as coisas que vêm de Ti! Aquilo que Tu me proporcionas. Eu me ligo ao Teu coração, agora, com fervor e firme no propósito de mudar a dire-

ção da minha vida. Vou dar passos. Se for para ir ao grupo de oração, eu vou. Se for para receber a Eucaristia, eu vou buscar esse Sacramento. Se for para rezar, ler a Tua Palavra, eu o farei. Porque quero mudar de vida. É uma decisão minha. Sim, Senhor, jogarei fora tudo de ruim que tenho. Eu me decido. Vou mudar, empenhar-me nesta decisão.

LIBERTANDO-SE PARA A VIDA

Nos tempos atuais, a Igreja anuncia e, ao mesmo tempo, denuncia.

Em meio aos inúmeros problemas do dia a dia, nós nos atropelamos e acabamos tendo o mesmo sentimento de Paulo: "Não faço o bem que quero, mas faço o mal que não quero" (Rm 7,19).

O pecado nunca se apresenta realmente como pecado, sempre aparece disfarçado e nos engana. Mostra-se belo em situações envolventes, e nós o aceitamos sem medir as consequências.

Queremos fazer o bem, mas acabamos fazendo o mal que jamais imaginaríamos fazer. Vivemos, assim, um grande conflito entre a alma e o raciocínio e ficamos como errantes, caminhando sem direção.

Sabemos que a cabeça controla todos os movimentos, todos os gestos e coordena as vontades. Desse modo, quando não faço o bem, a cabeça se acostuma com o mal e, consequentemente, o corpo obedece. Manipulando nossa cabeça, o inimigo atinge seu objetivo: a nossa alma.

Pois, embora vivendo na carne, não militamos segundo a carne. As armas do nosso combate não são carnais. São armas poderosas aos olhos de Deus, capazes de derrubar fortalezas. Destruímos sofismas e todo orgulho intelectual que se levanta contra o conhecimento de Deus; e subjugamos todo pensamento para torná-lo obediente a Cristo (2 Coríntios 10,3-5).

A palavra cativar significa prender, ou seja, se sou cativo, sou preso, sou escravo. Portanto, não é nossa cabeça que deve cativar nosso corpo, e sim a nossa alma – habitação de Deus – que precisa comandar todo o nosso ser. Do contrário, a santidade não acontecerá verdadeiramente em nossa vida.

Precisamos rezar insistentemente, pedindo sempre o Dom da Fortaleza, de tal forma que a alma domine a nossa cabeça. Senão, seremos como aquele grande exército do rei Saul, que, diante de Golias, perdia todas as forças. Um exército totalmente paramentado, armado, mas que, na verdade, não tinha coragem suficiente para entrar no campo de batalha e lutar contra o inimigo. Chega, então, Davi, frágil fisicamente, mas repleto do Espírito Santo, que o direciona, leva-o a enfrentar o gigante Golias e a sair vencedor.

Imagine o pequeno Davi derrubando um gigante com uma pedrinha. Movido pelo Espírito de Deus, diante de uma situação impossível, vence o inimigo.

Nossa cabeça pode ser a oficina do diabo se permitirmos que nossos pensamentos nos dominem, e basta um pequeno desvio para que isso aconteça. Porém, somos guerreiros e precisamos enfrentar tais pensamentos, entrando para valer no campo de batalha.

Quando nos perdemos em pensamentos, os sentimentos nos enganam e levam-nos, consciente ou inconscientemente, a viver dependentes física e emocionalmente de pessoas. É perigoso dar vazão aos pensamentos, pois estes podem nos fazer pecar. Consentir no que sentimos é permitir que o pecado nos invada.

Reafirmo: o mundo nos oferece o pecado embrulhado em uma bela caixa de presente enfeitada com um lindo laço. Se a aceitamos sem verificar o conteúdo, a concupiscência[4] é fecundada em nós.

---

[4] Inclinação a gozar os bens terrestres, particularmente os prazeres sensuais. (N.A.)

Deus nos fez livres, temos liberdade para decidir diante de fantasias e devaneios que, cada vez mais, são aguçados em nós por *outdoors* de homens e mulheres nus, por novelas que mostram luxúria e adultério, filmes com cenas pornográficas e músicas com letras maliciosas.

Mas Deus nos dá força suficiente para frear os pensamentos e buscar a direção certa e cristã!

CAMINHAR EM CRISTO

Fui levado pelas coisas do mundo, antes da minha caminhada, pois me envolvi com drogas e prostituição. Muitas vezes, cheguei a minha casa no pior estado possível. Chegava da rua e deitava na cama como um animal. Durante quatro anos, minha mãe colocava as mãos sobre mim e orava: "Meu Deus, tire o meu filho desta vida".

Lembro que, logo quando recebi a efusão do Espírito Santo, nos primeiros dias que fui à igreja, eu queria rezar, porém, os maus pensamentos atormentavam a minha mente: mulheres com as quais eu havia me relacionado, prostíbulos, pontos de droga que havia frequentado...

Desesperadamente, rezava a ave-maria e a oração do anjo da guarda. Lutava contra os meus pensamentos e dizia para mim mesmo: "Renuncio a estes pensamentos, em nome de Jesus. Vocês não têm poder sobre mim".

Foi assim durante um bom tempo na minha caminhada. Foi preciso ser violento comigo mesmo. Caminhar com Cristo é manter cativos, permanentemente, os pensamentos e as atitudes.

Nos dias atuais, é urgente levar a sério a caminhada com Cristo, dia a dia, sem desistir, rezando insistentemente. Tanto os rapazes quanto as moças precisam decidir-se! Utilizar as situações simples e ser radicais, verificar os guarda-roupas, as gavetas, bolsas, agendas e carteiras, e tirar tudo o que incita ao pecado.

Talvez você tenha ouvido que deve usar camisinha para evitar a Aids e, mesmo tendo um bom tempo de caminhada com Deus, ainda pense: "Só por precaução, vou ter uma em minha carteira". Esta é uma das aberturas, é uma tremenda brecha para o pecado. Você pode evitar a Aids, mas não evitará o Inferno ao prostituir-se. Pense! Pense! Pense!

> *Ninguém, ao ser tentado, deve dizer: "É Deus que me tenta", pois Deus não pode ser tentado pelo mal e tampouco tenta a alguém. Antes, cada qual é tentado por sua própria concupiscência, que o arrasta e seduz. Em seguida, a concupiscência concebe o pecado e o dá à luz; e o pecado, uma vez maduro, gera a morte (Tiago 1,13-15).*

Jovem, Deus quer ressuscitá-lo. Se você é morno, não é mau o suficiente para ficar entre os maus, e não é bom o suficiente para ficar entre os bons, não é somente o Céu que o rejeita, mas o mundo também, porque suas atitudes são "mais ou menos". Você fica em cima do muro, levando uma vida sem sentido, não consegue participar das piadas sujas, maliciosas, pornográficas com a turma do trabalho, do cursinho, porque sua moral foi um pouco lapidada por Deus, mas também não é alguém orante, que possua amigos santos. Você se tornou um adepto da seita "Maisoumenista".

Na igreja, você se sente incomodado com a radicalidade dos cristãos. Então surge o "contra-testemunho", a personalidade dupla e o fechamento interior. Os bons também terão de rejeitá-lo.

Sei que não é essa a vida que você quer. Faça a opção radical por Deus, pelo Evangelho, pela santidade. Dê vazão aos pensamentos santos que Deus quer. Santidade é compromisso, é decisão consigo mesmo!

Somos um exército de combatentes. Como é bom poder olhar em seus olhos e perceber que você não é um covarde, um morno. E saiba: é preferível que seja frio, gelado, porque a misericórdia de Deus o alcançará onde e como você estiver. Mesmo que o mundo o tenha estragado muito, deixe sua moral velha para trás e permita que Deus o reconstrua.

Combatamos o pecado

Jesus ficou três dias na mansão dos mortos. Parecia perda de tempo, mas no terceiro dia Ele ressuscitou e venceu a morte.

Algum tempo atrás, em uma noite, desejando profundamente parar de fumar, peguei o maço, piquei todos os cigarros e disse: "Senhor, amanhã cedo vou tomar um cafezinho e fumar um cigarro. Preciso que o Senhor intervenha hoje, caso contrário, não conseguirei".

Durante a madrugada, às três horas da manhã, um carro da fábrica buzinou na porta da minha casa. Era uma situação em que precisavam de mim urgentemente; saí correndo, entrei no carro e fui para o meu trabalho. Lá, entrei embaixo de uma máquina e saí doze horas depois. Naquele dia, nem lembrei que fumava, pois estava envolvido com a gravidade do problema da máquina que precisei consertar. Voltei para casa muito cansado, tomei um banho, deitei e dormi.

À meia-noite, o carro buzinou novamente; a máquina havia quebrado outra vez. Fiquei doze horas dentro da fábrica. Ou seja, fiquei dois dias sem fumar. Sozinho eu não conseguiria e Deus interveio. Depois daquele dia, nunca mais fumei.

Você é de Deus e não pode ser dominado por vícios. Dê o primeiro passo. Seja o cigarro, a sexualidade desenfreada, as roupas escandalosas que você tem no seu guarda-roupa, manias, dê um basta a tudo isso.

Seja um guerreiro verdadeiro que assume a batalha. O Senhor não precisa de guerreiros mutilados pelo pecado. Mesmo que você não tenha braço ou perna, é um soldado aprovado. Porém, se falta moral, santidade, vergonha na cara, sinto muito, você é um soldado reprovado. Para que isso não aconteça, é preciso frear seus pensamentos, não deixá-los atingir seus sentimentos. Assim, você poderá ser o soldado aprovado que Deus quer.

Quando era criança, meu filho tinha muita vontade de subir o morro da nossa casa, sozinho, voltando da escola. Ele me dizia: "Pai, preciso subir o morro sozinho. Eu quero subir...". Eu dizia sempre que era muito perigoso e realmente era. Eu o buscava de carro, mas ele queria ir andando para casa e insistia.

Sentia-se constrangido porque todos os seus amiguinhos subiam o morro. Tornou-se uma necessidade da parte dele provar que poderia subi-lo sozinho. Eu o deixei subir (poderia ter acontecido algo com ele, alguém poderia roubá-lo, um carro poderia atropelá-lo, enfim). Quando chegou, sua camisa estava molhada, mas ele estava muito feliz e dizia: "Pai, subi o morro sozinho!". Estava vermelhinho, com aquela mochila enorme nas costas. Eu não acreditava.

Deus não precisa nos provar, mas sou eu que preciso dessa provação para poder crescer na minha fé. As situações que se apresentam no cotidiano não são para nos derrubar. Tentação e provação são diferentes. Tentação vem do diabo. A provação é permitida por Deus para que sejamos aprovados.

Precisamos estar atentos a tudo o que nos acontece e lutar por uma alma sadia, com raciocínios em ordem. Não permita que o diabo entre em um relacionamento fraterno e misture as coisas. Seja combatente. Independente da sua idade, esteja atento à guerra.

Lembre-se das vezes em que você não lutou e permitiu a entrada de pensamentos e ilusões. Deus quer começar uma obra para valer em você, portanto, pare de andar no mesmo lugar. Está na hora de produzir para o Reino, evangelizar!

Deus investiu muito em você, marido, esposa, jovem, viúva, divorciado, viciado, prostituta. Produza para o Reino de Deus! Não fique fechado em si mesmo. Não "enrole", não perca tempo. Não cultive o pecado de estimação. Deus o criou livre, liberte-se do pecado.

Gosto quando me recordo das situações pelas quais passei e vejo as vitórias de Deus em minha vida. É maravilhoso olhar para nossa história de salvação com os irmãos e verificar como Deus age em nossa vida. Em nossa Comunidade Canção Nova, de vez em quando, somos levados a escrever a nossa história de salvação, todos os pontos, datas e momentos em que Deus entrou e interveio em nossa vida, fazendo de certos momentos um marco importante. Hoje, Deus está intervindo na sua vida, mudando o seu rumo, tirando toda a sua ingenuidade espiritual e fazendo com que verdadeiramente você assuma: "Eu sou guerreiro".

Só Deus pode santificar os sentimentos machucados, curar as feridas abertas, reequilibrar sua alma, unir o raciocínio e os sentimentos. Ele nivela o chão para que você possa caminhar e trilhar longas distâncias, deixando definitivamente o "homem velho" para trás.

Deixe a pessoa que estava em um buraco enfeitado, com luzes vermelhas, com pessoas interessantes, bonitas, charmosas, sensuais, para trás. Hoje esse "buraco" ficou no passado, e você é uma pessoa revigorada no Senhor!

COMO SUPORTAR AS PROVAÇÕES

O Evangelho nos conta que uma mulher pecadora lavou os pés de Jesus com suas lágrimas e os secou com os cabelos. O Mestre acolheu uma pecadora. Os doutores da lei que estavam ali ficaram escandalizados (cf. Jo 12,1-11).

Não existe outro lugar no universo melhor que os pés de Jesus para colocar tudo o que temos.

Muitas vezes, pensamos que não possuímos coisa alguma e que somos "nada". Mas, se colocarmos o nosso "nada" aos pés de Jesus, tudo será transformado. O que está em nosso interior, alegrias, tristezas, decepções, amarguras, mágoas, pobrezas, riquezas, seja o que for, é exatamente o que o Senhor quer receber. Muitos acham que Deus se interessa apenas em receber o que há de positivo em nós.

Porém, Ele está interessado em tudo o que temos, e não podemos nos esquecer dessa realidade.

Precisamos despejar nosso fardo em Deus, pois Nele tudo o que é negativo é consumido, aniquilado, exterminado. Entreguemos a Deus a irritação ou a paciência, a tranquilidade ou a ansiedade, o que falam de bom ou de ruim sobre nós.

Em sua família, o que precisa ser resolvido? O que você deixou para que só Deus tomasse conta, abençoasse, libertasse? Saiba que, enquanto você não entregar sua vida ao Senhor, ela continuará do mesmo jeito, pois Ele respeita sua liberdade, que Ele mesmo lhe deu de presente, lembra-se?

O negativo não lhe pertence, não o guarde com você! Das preocupações ao pecado, entregue tudo ao Senhor. Lance-se em Deus da maneira que você está: envergonhado, alegre, nervoso, com medo, desconfiado, aberto. Não há outro lugar melhor do que os pés do Senhor.

Devemos procurar o nosso alívio em novelas, revistas, filmes, solidão, silêncio? Ou devemos buscá-lo em Jesus, debruçando-nos diante do sacrário, chorando, ou de modo silencioso, pedindo com fé a Sua presença?

É preciso que nos debrucemos na frente de Jesus com o tudo ou o nada que somos! Sua presença pode transformar o nosso coração. Os pais têm de depositar aos Seus pés as preocupações com os filhos e com a família, o desemprego, as desavenças e tantas outras aflições que os atormentam. E os filhos devem levar a Ele seus próprios problemas. Faça isso quantas vezes precisar e constate as mudanças!

Muitas vezes queremos ver milagres grandiosos, mas não é assim que o Senhor se manifesta em nós e em nossa vida. Ele vai nos moldando dentro dos nossos limites, sabe o quanto suportamos. Aceite de bom coração os problemas e as provações.

Se você acha que conhece o seu limite, o Pai o conhece ainda mais. Mesmo nos momentos em que é difícil suportar as provas e somos tentados a desanimar, achando que não as aguentaremos, o Pai sabe até onde podemos ir e está ao nosso lado. Talvez você esteja enfrentando duras provas agora. Mas acredite que Deus não está dando a você algo maior do que você pode suportar. Está escrito na Sagrada Escritura:

> *Considerai uma grande alegria, meus irmãos, quando tiverdes de passar por diversas provações, pois sabeis que a prova da fé produz em vós a constância. Ora, a constância deve levar a uma obra perfeita: que vos torneis perfeitos e íntegros, sem falta ou deficiência alguma (Tiago 1,2-4).*

Quer ser íntegro e livre de todo defeito? Aceite bem as provas pelas quais você está passando, louve a Jesus pelos problemas e pelas soluções que virão.

Entregue ao Senhor tudo o que tem sentido: doença, fraquezas, ansiedade pela resolução de algum problema... Agora, reflita sobre a letra desta música:

Senhor, aqui estou!
Outra vez prostrado aos Teus pés,
para entregar-Te toda a minha vida.
O que tenho, o que sou
Coloco em Tuas mãos
pois não há lugar melhor para mim.

DANIEL POLI (ARGENTINA)

Como eu já disse, há diferenças entre provação e tentação. A provação vem do Céu; a tentação, do Inferno. Passamos pelas provas porque somos cristãos, ou seja, autodeclarados ungidos de Deus.

Quando Jesus foi levado pelos saduceus até Pôncio Pilatos, acusavam-No seriamente dizendo que Ele se dizia Cristo. Ora, a palavra “Cristo” significa “ungido”. Na época, apenas o rei era “ungido”. Esta acusação significava que, se Pôncio Pilatos não reagisse, se tornaria inimigo de César. Bastou Jesus ser chamado de Cristo (ungido) para ter um inimigo, um anticristo, um antiungido.

Quando ainda não estávamos na busca pela santidade e não nos assumíamos como cristãos, não tínhamos autenticidade e seguíamos grande parte da sociedade que não conhece a Igreja, mas se diz católica. Não valorizávamos os Sacramentos, nem sabíamos de sua importância em nossa vida de filhos de Deus, desconhecíamos o anticristo e éramos, por isso, úteis inocentes, alvos fáceis do inimigo.

Contudo, do modo escolhido por Deus, em um encontro, uma canção, uma palestra ou uma oração, despertamos e entendemos que somos ungidos em meio à humanidade, em nosso bairro, em nossa família. Aonde vamos, levamos unção.

Fomos untados pelo Espírito Santo durante o batismo. Jesus, na figura do sacerdote, untou-nos, ungiu-nos com o Espírito Santo, e nós nos tornamos fator de transformação na vida das pessoas.

O diabo, que não se importava com sua existência, passa a olhá-lo como inimigo quando você se permite chamar de "cristão". Por isso, o Senhor precisa nos fazer fortes para vencer o combate. Se até então o pecado não nos preocupava, ao nos tornarmos cristãos, qualquer palavra, ato, pensamento que ofenda a Deus nos incomoda. Lutamos contra as forças do mal porque nos tornamos cientes da existência de um inimigo.

A REALIDADE DA PROVAÇÃO

Todos nós temos problemas. Deus vê a dor, a dívida, a dificuldade, a angústia, o sofrimento. Foi Ele quem nos disse:

"Feliz aquele que suporta a provação, porque, uma vez provado, receberá a coroa da vida, que Deus prometeu aos que o amam" (Tg 1,12).

Deus quer que sejamos perfeitos. E só podemos ser perfeitos se formos provados como prata, como ouro.

Antes de vir para a Canção Nova, eu era metalúrgico. Uma das minhas funções era temperar peças. Pegava um pedaço de ferro comum, chamado aço doce, colocava-o em uma plaina, depois em uma furadeira. Aos poucos, ele adquiria a aparência de uma ferramenta, como, por exemplo, o martelo. Era usinável e ficava bonito, lixadinho, dentro das medidas corretas. Porém, ficaria todo torto se fosse usado, pois não havia sido temperado ainda.

A têmpera ocorre mais ou menos assim: leva-se o ferro ao fogo, em seguida à água. Tira-se da água e devolve-se ao fogo. Logo após, mergulha-se o ferro no óleo.

O que nos lembra "água, fogo e óleo"? O Espírito Santo de Deus. Unção!

Quando o ferro passava por esse processo, estalava, soltava cascas. Após o término de tudo, vinha o teste. O martelo era introduzido com força em uma bigorna e, se não adquirisse marca nenhuma, estava pronto.

Deus nos achou moles, doces, macios demais. Ele foi dando forma à nossa vida. Agora, Ele precisa nos usar como ferramenta, mas é necessário que estejamos temperados para suportar os golpes da vida.

Algumas soldas marteladas que fazíamos, quanto mais apanhavam, mais duras ficavam. A vida em Deus é assim: bate-nos muitas vezes, nós demoramos a entender certas situações e Deus, como Pai, sofre; contudo as "marteladas" são necessárias, pois é assim que o filho amadurece e cresce.

Se você se descobriu e assumiu como cristão, prepare-se para a prova, porque seu inimigo não sossegará. Sua luta não é mais contra pessoas, mas contra as potestades do mal. Somente temperado pelo Espírito Santo você vencerá.

Deus permite que as provas cheguem a você para que aprenda a rezar, jejuar, comungar, ler a Bíblia, amar, compadecer-se das pessoas, ser caridoso, falar com Jesus, amar a Igreja sempre mais.

Quem viu o papa João Paulo II aparentemente debilitado, acabou, algumas vezes, não enxergando sua fortaleza espiritual. Ele levou um tiro, foi agredido, caiu, quebrou o fêmur, foi chamado de inválido e muitas outras coisas. Devido à sua presença, no entanto, confrontos foram evitados, conflitos amenizados, vidas poupadas.

Como Deus pede que suportemos as provações? Reclamando do calor, do frio e de tudo? Não. O segredo está na Palavra:

"Feliz aquele que suporta a provação, porque, uma vez provado, receberá a coroa da vida, que Deus prometeu aos que O amam" (Tg 1,12).

Esta é a promessa de Deus para nós.

Os santos foram pessoas que viveram como nós, lutaram contra o pecado e mudaram a situação da época, ficaram na história. Muitas pessoas milionárias nasceram, viveram, morreram, e ninguém soube que existiram.

Alguns santos viveram há mais de oitocentos anos, quando não existia jornal, televisão, internet, rádio, fax, telefone, satélite. Como, então, são tão conhecidos hoje? Simplesmente porque eles foram felizes, mudaram a história daquela época, viveram a santidade, suportaram as provas e testemunharam com a vida a alegria de ser de Deus. Eu nunca vi São Francisco e o amo. E, mesmo sem televisão, ele está vivo até hoje no coração do povo, porque viveu, acertou, foi testado e provado por Deus, assim como Santa Teresinha, São Bernardo, São Paulo e muitos outros, que foram ferramentas de Nosso Senhor.

O Senhor espera que você supere o pecado e sorria, testemunhe a alegria sempre! Isso não é fugir, é apenas ter consciência de que "o problema é seu, e não dos outros". Já imaginou se você tivesse de olhar para sua fisionomia fechada a todo instante? Alegre-se, anime-se e espere na superação do mal!

Sei que não é fácil falar com o marido que só pensa na bebida e no jogo, aguentar o filho drogado. Ninguém disse que era fácil. Nem mesmo Jesus: "No mundo tereis aflições. Mas tende coragem! Eu venci o mundo" (Jo 16,33).

Mas Ele está dentro de você, dando-lhe condições de vencer todas as coisas ruins. Não reclame! Receba as provas com humildade, boa vontade e confiança. Deus é criativo. Você não sabe o que Ele quer fazer usando você, e por você. Coragem!

Estive em Vitória da Conquista, na Bahia, ministrando um retiro. Cinco dias antes, senti um furúnculo na perna esquerda. Inchou tanto que dava a impressão de ser um culote gigante. Fui para esse encontro mancando e usando calças largas. Lá, uma médica viu a necessidade de eu tomar injeção. Sentia a dor do furúnculo e a dor da injeção, mas continuei pregando... À noite, não tinha posição para dormir, fiquei com torcicolo. Para completar, a injeção deu reação e fiquei com febre. Preguei com febre, torcicolo, dor na coxa, dor no bumbum e apoiando-me em uma perna só. Ao voltar, na segunda-feira, não podia continuar daquele jeito; precisava espremer o furúnculo. Doeu demais, porém, passei pela prova! Às vezes, no plano espiritual, passamos pelo mesmo processo e temos de enfrentar.

Você também aguenta um furúnculo, uma dor no pé, um problema na coluna, desemprego, uma conta sem pagar durante muito tempo. Se você não aguentasse, Deus não permitiria que essas coisas lhe acontecessem. E se a prova é a morte, morrer é vantagem. Assim como nascer é vantagem.

A criança chora quando nasce, porque achava bom ficar na barriga da mãe. Era cômodo, quentinho, não era preciso andar, respirar, espreguiçar, correr atrás dos objetivos. A primeira coisa que ela tem de fazer quando sai da barriga é respirar. Assim como é doloroso nascer para esta vida, é doloroso nascer para a outra, para a vida eterna. Contudo, se o seu sofrimento e a prova o levarem à morte, é sinal de que você aguentou.

Toda prova, originária de Deus ou permitida por Ele, precisa ser acolhida de bom coração. Apenas a tentação nós precisamos repelir. O pecado, devemos rejeitar; as provas, acolhemos, porque nos farão verdadeiros homens e mulheres. Deus nos usará para rezar, ouvir alguém, pregar, interceder e servi-Lo, porque teremos nos tornado grandes ferramentas.

Tenha sempre em mente que Deus nos testa porque nos ama e quer nos usar!

Entregue-se a Ele! Não há melhor lugar para você do que em Deus.

Que se entreguem as mulheres e os homens na confiança em Deus! Ele sabe o quanto aguentamos. Alegre-se nas provas e dificuldades, pois é pela prova que Deus fortalece os Seus escolhidos!

VIVENDO PARA CRISTO

Temos o hábito de guardar ressentimentos, remoer o pecado, relembrar atitudes erradas... Mas Deus esquece os nossos pecados e nos trata como se nunca tivéssemos errado.

Agora, reflita sobre a letra desta música:

Em meio a tantos momentos,
Vivendo, talvez, muitas situações
É como eu te encontro e posso ver no teu olhar
A vontade de ser aquilo que Deus imaginou.

E quando você aqui chegou, algo em ti se acendeu.
Parece que aquela vontade de ser feliz enfim bateu.
Começa agora a luta
Pra esquecer o que ficou pra trás.
Basta ter coragem de recomeçar!

Os teus erros esqueci,
Teus pecados assumi,
Por você intercedi,
Suei sangue, quis desistir.

Por você me fiz ladrão,
Assaltante me tornei,
No Inferno eu cheguei, mas, enfim
Eu Te encontrei.

DUNGA

Faça a oração e assuma uma posição agora:

Jesus me encontrou! No meu inferno, no meu pecado, Ele me buscou! Na minha vida, do jeito que eu estava, Ele me compreendeu, me entendeu, ouviu, sentiu o que eu sentia. Em meio a tantos momentos que estou vivendo, tantas dificuldades e pecados, Ele me encontrou!

Relembrando as noites em que me deitei com uma prostituta, percebo que não estava sozinho. Em um ambiente pecaminoso, muitas prostitutas, drogas rolando nas mesas e... Deus. Ele estava, não nas situações de pecado, mas em mim! O Senhor anda junto de nós, acompanhando-nos em todos os lugares, sem se espantar com as nossas misérias e os nossos erros.

Eu me recordo de que meus pais se escandalizavam com meus primeiros testemunhos, não podiam imaginar do que eu havia sido capaz. Deus nos conhece como filhos e não se assusta com nossas misérias.

O confessionário é o único tribunal na face da Terra em que chegamos, declaramo-nos culpados e saímos absolvidos. Abrimos nossa vida como um saco de batatas e derramamos tudo o que somos na frente de Jesus. Ele nos ouve na pessoa do sacerdote e, apesar da gravidade de nossas faltas, nos dá absolvição. Não há pecado que ultrapasse o amor misericordioso de Deus. Somos alvo do Seu amor e da Sua misericórdia.

Jesus sabe o porquê dos nossos pensamentos e sentimentos. Ele sabe das nossas carências, de tudo o que imaginamos e a causa do desejo de realizar qualquer pecado. Deus sabe o motivo dos pecados que cometemos com os olhos, os ouvidos, o tato, o pensamento, os sentimentos. Pecados que cultivamos e adotamos como parceiros. Deus sabe que existem pecados que não conseguimos deixar de cometer. São coisas que não fazem parte de nós, mas que temos dificuldade de abandonar. É por isso que a Palavra nos diz:

"Que diremos? 'Vamos permanecer no pecado para que a graça aumente?' De modo algum!" (Rm 6,1).

Onde existe o pecado, muito mais existirá a graça e a misericórdia de Deus. "Então, quer dizer que quanto mais pecado eu cometer, mais Deus vai me perdoar e abençoar?" Claro que não! Não é essa a ordem dos fatores. Porque Deus é misericórdia, é onisciência, é onipresença, é amor, é quem sempre nos perdoará, mas o pecado atrai sobre nós consequências que, muitas vezes, nos afastam definitivamente Dele, impedindo-nos de progredir. A caminhada com o pecado nos leva, cada vez mais, para as trevas, e, apesar de o braço de Deus ser suficientemente longo para nos alcançar na situação em que estivermos, devido ao pecado não conseguiremos acreditar que alguém vá tão fundo para nos buscar.

A Bíblia nos diz: "Nós que já morremos para o pecado, como vamos continuar vivendo nele?"(Rm 6,2).

Você foi atraído por Deus! Por meio das pessoas, dos fatos, das canções, Deus o atrai como a uma criança que vai atrás de bala ou chocolate.

O Pai nos conhece por inteiro, conhece nossa alma, tudo o que podemos ou não fazer, nossos limites e capacidades, e nos atrai porque nos ama. Mas, algumas vezes, seguimos Seu chamado como crianças birrentas, que dizem serem donas do próprio nariz.

Ele atraiu você. Atraiu a mim. A Palavra se cumpre em nossa vida: "Ninguém vai ao Pai senão por mim" (Jo 14,6).

Você já está cumprindo a Palavra de Deus! Não importa se você é prostituta, homossexual, drogado, inconsequente, se está na depressão, se pensa sobre as coisas de Deus com desconfiança ou medo, não importa. Não importam os pecados que foram cometidos na semana passada ou agora. Nada muda o que Deus pode fazer na sua vida.

A Palavra continua:

> *Nós que já morremos para o pecado, como vamos continuar vivendo nele? Acaso ignorais que todos nós, os batizados no Cristo Jesus, na sua morte fomos batizados? Pelo batismo fomos sepultados com ele na morte, para que, como Cristo foi ressuscitado dos mortos pela ação gloriosa do Pai, assim também nós vivamos uma vida nova (Romanos 6,2-4).*

Nossa vida possui várias áreas: afetiva, profissional, educacional, moral... Pecamos em todas elas. Quando recebemos a efusão do Espírito Santo, todas as áreas da nossa vida são preenchidas e o que estava seco volta à vida. O que antes não significava nada, por causa do nosso pecado, passa a ser mergulhado em Jesus. Morremos pelo pecado e voltamos a viver pela presença de Deus.

Alguém que namora e mantém relação sexual constantemente vive uma situação de morte. Aos poucos, a pessoa mata aquela área da vida, deixando-a ressequida. Não se olha mais com dignidade e respeito, o diálogo vira silêncio intenso, e ela começa a experimentar o fracasso afetivo.

Outro exemplo é alguém que está se drogando. O físico, a mente, a violência, o medo, o tráfico vão matando a pessoa. Mas, se ela se abre à conversão, leva um "baque" de Deus na veia. O sangue de Jesus entra pela Eucaristia, e ela começa a entender diversas coisas.

Quando você vive uma experiência de falar com Deus, o que em sua vida estava seco, como um bagaço de cana à beira da estrada, será mergulhado, novamente, na água do Espírito Santo. Isso é batismo! Batizar é mergulhar a morte na vida. Quando ninguém mais percebia em sua vida algo bom, você começa a "ter suco". Seus sentimentos deturpados estão agora restaurados com vida de qualidade. Isso é o novo que o mundo deseja.

Jesus sentava-se, comia e conversava com os cobradores de impostos, miseráveis e ladrões, detestados pelo povo. Há algum tempo, conversei com um travesti convertido. No corpo dele, ainda havia os seios de silicone. Ele me contou que havia feito um pacto com o diabo, indo ao cemitério, cortando os pulsos e dizendo: "Dá-me droga!", e aparecia a droga. Espremia o punho, saía sangue, e ele dizia: "Dá-me um homem!", e vinha um homem. Só que esse rapaz conheceu Jesus Cristo. Levou uma "trombada" com Deus. Ele me disse: "Você sabe por que estou curado? Hoje, foi a primeira vez que eu olhei para uma mulher e senti desejo!". Desculpe-me comentar: mas que santo desejo! Claro que sendo controlado pelo Espírito, era, naquele momento, o grande sinal de ressurreição para quem antes sentia prazer por contato físico com o mesmo sexo.

Ouvir isso de qualquer jovem seria normal e eu até o frearia, dizendo para ir devagar, mas é diferente ouvir essa frase da boca de uma pessoa que viveu vinte anos como travesti. Ele contou-me do desejo de retirar os seios e proclamou sua fé em Jesus Cristo.

Imagine Jesus sentado com essas pessoas. O amor de Deus é maravilhoso, não pode ser driblado; e você está dentro dessa realidade. O Senhor quer dar vida a você. Não deixe que o pecado domine seu corpo mortal. Lute! Lute! É Palavra de Deus! "Que o pecado não reine mais em vosso corpo mortal, levando-vos a obedecer às suas paixões" (Rm 6,12).

Não deixe o pecado reinar! O Senhor já nos pescou, foi atrás de nós, paquerou-nos, mandou-nos recadinhos, quando não nos importávamos com Ele. Porém, chegou o momento de não resistirmos, porque o amor de Deus é muito grande!

Jesus está dizendo que o ama, mesmo em seu nada e apesar do seu desprezo. Não há meio de mudar isso! Deus lhe dá um conselho: "Não viva mais permitindo que o pecado domine o seu corpo". É hora do PHN. É hora de dizer basta! Por hoje, não!

Tenho levantado essa bandeira e não vou me cansar nunca. A Palavra de Deus é uma ordem: "Não permita mais que o pecado domine o seu corpo". Qual é o pecado que ainda domina o seu corpo? Um simples cigarrinho, que você fuma caminhando ou escondido lá no banheiro? O pecado está dominando você!

Há mulheres grávidas que prometem parar de fumar durante a gestação. O sangue está contaminado há muito tempo, a criança vai alimentar-se desse sangue. Por isso, é preciso não deixar para depois. É preciso parar agora, não quando engravidar.

Deus quer dar vida a você!

Assim como outrora oferecestes vossos membros como escravos à impureza e à iniquidade, para viverdes iniquamente, agora oferecei-os como escravos à justiça, para a vossa santificação (Romanos 6,19).

No passado, não lutamos contra o pecado. Nós nos entregamos totalmente. Eu me entreguei ao pecado e arrependo-me muito disso. Aceitava os convites que recebia para ir à zona e para fumar maconha. Quando arrumava uma namorada, só queria transar. Levei uma vida entregue compulsivamente ao pecado, sem resistência nenhuma. Fabricava pecado, promovia pecado e os que se juntavam a mim pecavam também.

Deus entrou em minha vida, como está entrando na sua sem que você perceba. O Senhor deu-lhe a liberdade, então, aplique-a em sua vida na busca da santidade, vire a mesa! Aposte tudo na santidade e promova a vida. Muitos não conseguiram vivê-la, porque ficaram em cima do muro. Não podemos fazer isso. O fato de você querer buscar, já é estar buscando. Querer amar, já é estar amando. Querer ser santo, já é estar sendo santo. Então, não fique em cima do muro!

A solução para nós que vivíamos no pecado é a entrega à santidade, começando no dia a dia. Está namorando? Santidade no namoro! Diga para sua namorada que você encontrou Jesus e percebeu a necessidade da entrega a Ele, pergunte se ela aceita isso também e convença-a de que agora você aprendeu a se dominar e a não se deixar levar pelos instintos. Suas atitudes são de homem, não de macho, não de bicho. Você tem o Espírito Santo. Não dá mais para viver no meio-termo.

Estávamos no pecado, agora Deus nos chama a colocar o corpo a serviço da santidade. Ocorreu uma grande transformação. Outrora drogas, agora vida; outrora um namoro errado, hoje um namoro certo.

Eu repito porque vale a pena: o morno é repelido, rejeitado. O morno é aquele que não é bom o suficiente para estar no meio dos bons e não é mau o suficiente para estar no meio dos maus. Então, é deixado de lado. Ele não fuma nem se prostitui, os maus o vomitam. Não leva nada a sério, não é totalmente de Deus, os bons também não o querem. Ele é morno, está no meio.

Não podemos permitir essa situação em nossa vida. É hora da decisão. Ou sou quente e coloco o meu corpo a serviço da evangelização, ou me declaro pecador, frio e volto à estaca zero.

A Palavra de Deus diz: "Mas, porque és morno, nem frio nem quente, estou para vomitar-te de minha boca" (Ap 3,16).

A Igreja, Deus, os bons e os maus vomitam o morno. Não dá para viver assim. Agora é hora de ser quente. Coragem! Tome a sua decisão agora!

Pense mais uma vez na letra da música que apresentei. Não sei quem você é, nem como está, mas sei que hoje é o primeiro dia do resto da sua vida.

Deixe Deus apagar todos os seus pecados. E não queira escrevê-los novamente. Assuma sua nova vida; ela começa hoje. Vida, sim! A droga do pecado, não!

Lázaro já estava morto. Jesus sabia que tudo que pedisse ao Pai, receberia. Ele chorou, compadeceu-se dos sentimentos de Marta e Maria. Quando você sente, Jesus sente! Quando você chora, Jesus chora. Quando ri, Jesus ri. Se você acerta, Ele vibra. Se erra, Ele sofre.

Jesus mandou retirar a pedra do túmulo e ressuscitou Lázaro, pedindo que as pessoas presentes o ajudassem com as faixas. Um trabalho entre Deus, um ressuscitado e as pessoas que estavam ao lado. Ajude quem está ao seu lado a tirar as faixas. Dignifique seu irmão com seus gestos! Recomece sua vida com Deus, Nosso Senhor!

Retornando à vida

Momentos difíceis são comuns na vida de todas as pessoas. Até os jovens, no começo da vida, já passaram por momentos de solidão, pecado, doenças e crises familiares.

Há um trecho da música "Filho de Davi" que diz assim: "Nem todos os maus momentos da minha vida foram o bastante, não me levaram ao fracasso".

Já passei por droga, prostituição, pobreza, muito medo, situações que pensava não ter mais jeito. Senti que tinha chegado ao fim, mas todas essas situações da minha vida e todos os problemas estão no passado. Após um período de sofrimento, Deus, no Seu amor, ressuscita o que em nós estava morrendo, e foi assim comigo.

Quantas pessoas já passaram por desemprego, falência, depressão, doenças graves, crises no casamento, separação dos pais. Foram muitos os momentos difíceis, porém, "nem todos os maus momentos da minha vida foram o bastante, não me levaram ao fracasso". Mas, nesses momentos, compreendemos quem somos e como estamos.

Nos momentos de sofrimento e crises, tentamos de tudo, vamos ao médico, pedimos dinheiro emprestado... Somente quando se esgotam as possibilidades, recorremos a Deus. Se procurássemos Deus antes de qualquer coisa, a solução para os nossos problemas surgiria mais rapidamente.

A maioria das pessoas só se lembra de Deus quando já tentou de tudo, e nesses momentos de duras penas percebemos que Deus é maior do que tudo o que nos acontece. Por pior que seja o problema, não poderá nos levar ao fracasso.

Quando o dependente químico, a prostituta, o homossexual chegam ao fundo do poço, há uma vantagem: é o momento para o diálogo. A única solução que resta é sair da vida que estão levando, não há outro meio, estão no fundo do poço. Já orientei pais dizendo: "Só um tombo muito doloroso vai convencer seu filho de que ele está errado; no fundo do poço só resta uma direção, para cima, e cada avanço é sinal de vitória".

Não são apenas os pais que sofrem com a situação dos filhos. Existem filhos sofrendo com a situação dos pais.

Algumas pessoas só entendem que precisam de ajuda quando estão no fundo do poço e totalmente arrebentadas. Levei, pessoalmente, alguns amigos para casas de recuperação de dependentes químicos e casas para portadores do vírus HIV em fase terminal. Mas só consegui levá-los quando chegaram ao fundo do poço.

Enquanto a pessoa não entende, ela resiste em mudar e sente repugnância por conselhos; ninguém poderá ajudá-la. Somente o fundo do poço a fará compreender. Mas Deus usa até esses momentos para que a pessoa entenda quem ela é, como ela está, o quanto se estragou. Finalmente, ela dá uma oportunidade para si mesma e, só então, algo pode ser feito.

Lembro-me de quando cheguei a essa situação. Usava drogas havia quatro anos. Chegava em casa como um porco. Minha mãe abria a porta do meu quarto e entrava. Eu fingia que estava dormindo, e ela colocava a mão na minha cabeça, pedindo: "Pai do céu, tira o meu filho desta vida".

Eu pensava comigo mesmo: "Esta velha está perdendo tempo". Tinha repugnância da oração da minha mãe. Quando ela orava em línguas, eu pensava: "Xi, a velha fumou também. Tá falando enrolado!". Eu não entendia a oração em línguas.

Meu pai sempre foi uma pessoa muito humilde. Eu sentia repugnância de seus conselhos e suas palavras. Quando ouvia "Eu te amo", sentia como se um facão entrasse em mim. Lembro que minha mãe me pedia: "Filho, estou com a vista cansada, reza para mim o Salmo 90 antes de ir para a fábrica?". Eu rezava o Salmo com raiva. Era o pedido da mãe e, mesmo contra minha vontade, rezava. De tanto fazê-lo, acabei decorando.

Quando eu estava em perigo, fugindo de uma situação ameaçadora, a única oração que sabia rezar era o Salmo 90.

Foram quatro anos com pessoas, amigos, aconselhando-me, e eu só dizia: "Larga de ser careta. Sou dono do meu nariz". Na verdade, eu era um bobo, todos mandavam em mim, não passava de um escravo do pecado e de dono do meu nariz eu não tinha nada.

Chegou um dia em que eu estava tão drogado que acabei entrando em uma igreja, depois de quatro anos de insistência da minha mãe. Vi uma porta aberta. Era um grupo de oração com mil pessoas. Eu estava totalmente drogado. Havia fumado, sozinho, dois cigarros de maconha. Entrei na igreja, sentei no fundo e comecei a ouvir o pregador falando do amor de Deus. Aquilo mexeu tanto comigo que os meus neurônios começaram a funcionar. Eu chorava e chorava. Ninguém chegava perto de mim; eu estava muito feio, com uma camisa do *Iron Maiden*, coturno do quartel, cabelo muito doido.

Nesse momento, estava no fundo do poço: sem amigos, sem família (minha família me tinha, mas eu não os tinha). Porém, esse mau momento da minha vida não me levou ao fracasso. Reconheci quem eu era e como estava.

Assumi que precisava de ajuda, e Deus pôde, finalmente, agir. E, como ovelha ferida, eu voltei.

Deus nos compara a ovelhas. A ovelha é um animal muito ingênuo: se passa em um lago, molha a lã, fica pesada, não consegue mais andar, vem o lobo e a devora; quando quebra a patinha, não anda mais; não tem bom faro, reconhece o pastor apenas quando ele está perto.

E, como ovelha ferida, sem pastor, voltei humilhado e convencido de que precisava de ajuda. Talvez você seja essa ovelha ferida pela prostituição, pelo sexo desenfreado, pela violência, homossexualidade, tristeza, depressão, droga, bebida... Como ovelha ferida, volte!

O filho pródigo gastou toda a riqueza do pai. A maior riqueza que você ganhou de Deus Pai foi sua vida, seu corpo, seus sentimentos, sua alma. E, como filho pródigo, gastou tudo.

Mesmo que você seja o filho pródigo, não deixou de ser filho. Devido ao tipo de relacionamento que muitos de nós tivemos com nosso pai da Terra, talvez não consigamos entender nosso relacionamento com Deus Pai.

No relacionamento com nossos pais, fizemos deles fornecedores ou empregados domésticos, querendo sempre roupa passada, comida quente, calça da moda... É para isso que você quer um pai?

Quanto tempo faz que você não dá um abraço gostoso em seu pai e não beija sua mãe? Você já reparou que deixou de ser filho na sua casa?

Quando o filho pródigo percebeu que estava entre os porcos e quase comendo da comida deles, no chiqueiro, lembrou-se da casa do pai: "Até os empregados na casa do meu pai têm comida boa, bebida e roupas". Ele, imediatamente, "caiu na real" e voltou para casa.

UM DESAFIO DE AMOR

Só temos um pai e uma mãe aqui na Terra. O quarto mandamento de Deus é honrar pai e mãe. Isso significa encher o pai e a mãe de honra, tratá-los bem, elogiá-los e estar com eles em bons e maus momentos.

Qual foi a última vez que você convidou os seus pais para dar uma volta de carro? Imagine a satisfação que você daria a eles com esse simples gesto. Seria uma alegria imensa para sua mãe dizer-lhe que a ajudaria com as compras do supermercado, muito mais do que aquela rosa que você leva para ela no Dia das Mães e que, depois de duas horas, já murchou.

A propósito, como é o Dia das Mães em sua casa? Sua mãe entra na cozinha, às nove horas da manhã, para fazer o almoço, e sabe-se lá a que horas sairá; afinal, toda a família estará reunida. E a mãe está sendo homenageada, na cozinha, com a barriga quente no fogão, com os bifes fritando e toda a família em volta da mesa conversando? Tudo pelo Dia das Mães!

Até quando vamos continuar com essas mentiras em nossa vida? Participamos de encontros de oração, mas continuamos com os mesmos costumes! Desafio você a se aproximar dos seus pais sem precisar dizer palavra alguma. Apenas dê um beijo no seu pai e na sua mãe. É preciso sair da comodidade!

Conheci um padre que dizia: "Roupa velha com remendo novo não dá certo".

Não tenha medo de trocar a roupa velha: mude seus hábitos, suas ações, seus sentimentos! Tenha coragem de mudar. Não tenha medo de andar abraçado com seus pais. Não considere a opinião dos seus amigos. Seus pais deram a vida, desgastaram-se por você. Considere-se um filho pródigo errante, compare-se a ele e volte.

Repare no refrão desta música:

Filho de Davi, olha para mim,
Vê como estou e aonde cheguei.

Comecei a fazer a música quando saía das muralhas de Jericó, em Israel, e revivia a passagem do cego Bartimeu.

"Bar" significa filho. Sabemos, apenas, que ele era filho de Timeu, mas desconhecemos seu nome.

Quando Jesus chegou, o cego começou a gritar: "Filho de Davi, olha para mim". E as pessoas diziam: "Cale sua boca, não perturbe o mestre". Ele insistia: "Filho de Davi, tem piedade de mim!".

Jesus disse para Lhe trazerem o homem e fez uma pergunta que demorei a compreender: "Que queres que eu te faça?".

Com certeza, a resposta era lógica. Porém, Jesus não ficou preso apenas à sua cegueira. Ele viu toda a sua vida passada, os traumas, as marcas, as humilhações, a expressão facial, o cheiro ruim. Ele viu tudo e se compadeceu. Era como se Jesus perguntasse: "Por onde você quer que eu comece? O que você quer eu faça primeiro?".

E o cego, na sua pequenez, respondeu que queria apenas enxergar. Jesus fez a obra por inteiro.

Qual a sua cegueira?

O cego abre os olhos e volta a enxergar. A partir do momento que abrir os olhos, com certeza muita coisa mudará em você. Esse coração meio endurecido, meio rancoroso será quebrado.

Quando meu pai foi internado na UTI, com câncer generalizado da cintura ao pescoço, falei no ouvido dele umas trezentas e cinquenta vezes: "Eu te amo, eu te amo, eu te amo, eu te amo... Tudo o que eu sei devo ao senhor". Disse frases que eu já havia falado várias vezes, mas que, naquele momento, seriam importantes. Expliquei que teria que ir para uma missão e não poderia estar com ele. Tive sua aprovação e disse-lhe: "Pai, se é chegada a sua hora, não resista. O Céu o espera".

Estando na missão, recebi a notícia de que meu pai havia falecido. Quando cheguei à minha cidade, ele já havia sido enterrado. Fui ao cemitério, segurei as grades do portão e disse: "Pai, sei que o senhor não está mais aí. Apenas está o seu corpo, que serviu ao seu espírito e à sua alma até esse dia, mas aceita a minha última homenagem".

Fui à casa da minha mãe. Meus irmãos de sangue e alguns dos irmãos da Comunidade Canção Nova esperavam por mim. Ficamos juntos até três horas da manhã e fizemos uma festa, com a certeza de que tínhamos cumprido a nossa missão com nosso pai.

Hoje, não sou mais cego com a minha família. Já fui muito cego. Fiquei mais de vinte anos sem beijar o meu pai. Depois que voltei para Deus, a primeira coisa que Ele transformou em meu coração foi o relacionamento com meu pai. Era o próprio Deus que dizia em meu coração: "Se você quer ser pai e homem para valer, aprenda a ser filho".

Fiz a música "Pai", do CD *Restauração* e, logo depois, fui visitar meus pais e beijá-los. Isso mudou a minha vida por completo.

Seja qual for a situação, basta o seu querer, com o poder de Deus, e você não será um fracassado. Nem todos os maus momentos da sua vida, juntos, serão suficientes para fazer de você um fracassado. E fracassar na família é uma situação dolorosa que ninguém merece.

A atitude de Cristo fez de você um vitorioso. Jesus morreu na cruz, sofreu muito. Para respirar tinha de fazer muito esforço, pois a posição em que ficou era cruel, faltava-Lhe oxigênio.

Alguns condenados chegavam a ficar nessa situação até sete dias. Todas as pessoas que passavam por perto viam, nos olhos do condenado, todo o sofrimento. Os abutres sentavam na cabeça dele, comiam seus olhos. O condenado morria cego, com câibras e tétano.

Jesus só não ficou todo esse tempo na cruz por dois motivos: estava muito debilitado, morreu logo, e porque no dia seguinte seria Páscoa, e era costume não deixar crucificados em dia de festa.

Jesus viveu tudo isso e venceu a morte porque ressuscitou. Ele deu a você, que está nas drogas, no pecado, a condição de vencedor. Portanto, nem todos os maus momentos de sua vida, juntos, serão suficientes para fazer de você um fracassado, porque você é vencedor. Cristo já lhe deu a vitória. Tome posse disso!

Nem todos os maus momentos da minha vida
foram o bastante, não me levaram ao fracasso,
Mas não posso negar: nesses momentos,
Pude entender quem sou e como estou.

Como ovelha ferida e sem pastor, voltei,
Como um filho pródigo, errante, eu me comparei,
Senhor, errei, consciência tomei,
Ao húmus cheguei, caminho encontrei,
E no Teu amor eu sei, eu seguirei.

Filho de Davi, olha para mim,
Vê como estou e aonde cheguei,
Se eu grito, é para me ouvires,
É porque sei que estás aqui,
Escolheste este lugar, pra que eu volte,
Pra que eu volte a enxergar.

DUNGA

O Pai sempre amou você

Somos filhos muito amados do Pai e recebemos Seu Espírito Santo para sermos ousados na fé e cumprirmos Seu plano para nós.

Sou casado e tive três vezes a graça da paternidade. Trago em mim a vontade de proporcionar, material e espiritualmente, muitas coisas aos meus filhos, coisas que não tive, além de carinho, educação e oportunidades.

Entre o querer e o poder, o ideal e o real, entra o meu discernimento sobre os benefícios e os malefícios que eles podem sofrer com determinados sonhos que tenho para eles.

Anseio por seus estudos, sua saúde e felicidade e jamais quero parar de dar-lhes o que tenho de bom, porque os amo. Diariamente, não hesito em dizer-lhes o quanto os amo e, mesmo quando já estão dormindo, falo aos seus ouvidos. Ao sair em missão e, podendo telefonar, também recordo-lhes que "Papai os ama".

Mesmo como missionário, vivendo da providência de Deus, residindo em uma casa que não me pertence, não tendo nenhum bem material, tenho expectativas: quero que eles sejam os filhos mais felizes da face da Terra. Por isso, é fácil comparar, mesmo que proporcionalmente fique muito aquém, nosso amor por nossos filhos com o amor do Pai por toda a humanidade.

Há um Deus Pai cujo amor não conseguiríamos calcular... Ele pensou em você primeiro e quer intervir em sua vida; Seu Espírito está dentro de você. Ele é a presença constante nos erros e acertos, nos pensamentos bons e ruins, quando somos santos ou pecadores, quando realizamos algo bonito ou feio.

Veja o que aconteceu com Jesus quando era pequeno:

Todos os anos, os pais de Jesus iam a Jerusalém para a festa da Páscoa. Quando o menino completou doze anos, eles foram para a festa, como de costume. Terminados os dias da festa, enquanto eles voltavam, Jesus ficou em Jerusalém, sem que seus pais percebessem. Pensando que se encontrasse na caravana, caminharam um dia inteiro. Começaram então a procurá-lo entre os parentes e conhecidos. Mas, como não o encontravam, voltaram a Jerusalém, procurando-o. Depois de três dias, o encontraram no templo, sentado entre os mestres, ouvindo-os e fazendo-lhes perguntas (Lucas 2,41-46).

Maria e José estavam aflitos, haviam perdido o Filho de Deus...

"Jesus os ouvia e fazia-lhes perguntas". Infelizmente, o jovem de hoje não gosta de ouvir e, se alguém o corrige, ele se desvia, esquiva-se da correção.

Muitos dizem saber tudo. Acham que, por terem quinze, dezoito anos, terem carteira de habilitação, não precisam perguntar nada e permanecem ignorantes em certos assuntos.

Quando o pai, que já viveu muitos anos, procura conversar com o filho, é ignorado ou desacreditado porque não fez faculdade, cursos ou viagens que seu filho teve a oportunidade de fazer. O filho sabe matemática, trigonometria, ciências, geografia. Isso é muito bom, mas não é a vida. A vida só se faz na faculdade dos anos, vivendo, ficando doente, perdendo pessoas, caindo, levantando, fracassando, tendo êxito, perdoando. O pai e a mãe já viveram tudo isso.

Cuidado para não sentir remorso ao olhar para trás e notar que você valorizou muito mais a família dos outros do que a sua!

Diz a Sagrada Escritura que Jesus ouvia atentamente e respondia aos anciãos e doutores da lei, que ficavam admirados com Suas sábias afirmações. Então Maria chega e diz:

> *"Filho, por que agiste assim conosco? Olha, teu pai e eu estávamos, angustiados, à tua procura!" Ele respondeu: "Por que me procuráveis? Não sabíeis que eu devo estar naquilo que é de meu Pai?" (Lucas 2,48-49).*

Jesus se referia ao Pai do Céu, cujas obras deveriam ser cuidadas por Ele. A partir dessa resposta, Maria guardou tudo no silêncio do seu coração e levou Jesus para casa. Ele a seguiu e obedeceu. Era submisso aos pais. Podemos dizer que, de pedagoga, Maria passou a ser discípula de Jesus, pois, pela primeira vez, Ele falava como alguém que havia tomado consciência do que era.

Não sei como está o seu relacionamento com seus pais, se há malcriação, se você é grosseiro ao falar, se você se irrita com a preocupação deles, acha desnecessário que sua mãe o faça sair com o guarda-chuva...

Talvez, um dia, você não a tenha levado a sério e, no fim da tarde, tenha chovido bastante; voltando para casa, você ficou constrangido, molhado e doente. Mais uma vez sua mãe estava certa, e a sua preocupação não havia sido exagerada.

Seus pais percebem quando vai chover. Eles sentem o vento, o ar mais frio, conhecem a formação da nuvem; quem já viveu mais sabe mais, isso sim é matemática!

No Evangelho de São Lucas, vemos que a sabedoria de Jesus se aprofundava: "E Jesus ia crescendo em sabedoria, tamanho e graça diante de Deus e dos homens" (Lc 2,52).

Há algum tempo firmei um propósito com Deus de não querer ser referência como músico, apesar de ser ministro de música. Queria trabalhar com jovens, sentia que tinha sido chamado por Deus a fazê-lo. Ao longo dos meus 21 anos de Canção Nova, trabalhei muito e, até hoje, vejo-os indecisos, sem saber que rumo tomar na vida, sem escutar, obedecer.

Infelizmente, o jovem não sabe ouvir os mais velhos e, por isso, não adquire deles a sabedoria.

Jesus foi obediente ao Pai celeste, a Maria, sua mãe, e a José, seu pai adotivo. Ele cresceu em graça e sabedoria. O que falta ao jovem é crescimento interior. Já cresceu em estatura, mas ainda falta crescer na maneira de pensar, de conversar e de sentir. A maioria só pensa na malhação, na produção do corpo, no cultivo diário do hedonismo. E o mais triste é vê-los dentro da Igreja e levando essa vida. Jovens que completaram um, dois, três anos de caminhada, mas ainda insistem em ser crianças, não têm paciência para escutar e assimilar algo realmente proveitoso.

Não é fácil crescer em sabedoria e graça: escutar os mais velhos, acatar a formação dos pais, que receberam do Céu a graça de ser seus primeiros educadores, assim como Maria e José fizeram com Jesus, que é também de natureza humana.

Portanto, jovem, a rebeldia que está em você não foi colocada aí pelo Pai do Céu. Não permita que ela tome conta do seu coração, pois o Senhor quer preencher o lugar que a Ele pertence, basta você escutá-Lo.

Como toda criança, sempre achei que meu pai sabia tudo, era muito forte, inteligente. Lembro que, aos sete anos de idade, em 1971, aprendi com ele a andar de bicicleta na "Travessa Cacique", onde morávamos. Meu pai trabalhava muito, mas, nas horas vagas, ensinava-me a andar de bicicleta. Todos os dias ele ia comigo, pois temia ver-me cair e seguir sozinho. Um dia, olhei para trás e o meu pai estava a duzentos metros de distância, olhando para mim. Eu estava, finalmente, andando de bicicleta sozinho! E escutava a voz dele dizendo: "É isso aí. Vai, confia. Você está pedalando sozinho!!!".

Infelizmente, o comportamento da juventude de hoje, dos catorze aos vinte anos, é bem oposto ao de Jesus. Agem como se o pai estivesse errado. Os artistas, a TV, os amigos sempre têm razão, enquanto a família só recebe respostas ríspidas, é agredida e esquecida.

Essa é a realidade atual: um prato cheio para a autodestruição!

Pense nisso:

- Aos vinte anos, o jovem considera o pai ultrapassado, atrasado em suas teorias;
- Aos 35 anos, com a experiência que o jovem conquistou, pensa que o pai até poderia ser bem-sucedido na vida... (que audácia a sua!)
- Aos 45, já não sabe se vale a pena consultar "o velho", talvez seja uma boa, mas "deixa pra lá!".
- Aos 55 anos, "que pena que o papai morreu, na verdade, bem que ele tinha ideias maravilhosas".
- Aos sessenta, "Pobre papai, era um sábio! Como lastimo tê-lo compreendido tão tarde!".

Só que, aí, não dá mais para voltar!

Quando soube que meu pai havia morrido, estando longe, em missão, conversei com ele no Céu: "Pai, sei que o senhor está muito bem ao lado de Jesus e quero que, neste dia, o meu ministério seja fecundado com a sua morte. Valeu a pena, pai...".

E ali eu chorava, rezava e entendia tudo o que meu pai tinha falado muitos anos antes, os abraços, o silêncio... Coisas que não lemos, não estão no cinema nem na televisão, mas dentro de casa, e às quais o jovem não dá valor porque acha que estão ultrapassadas.

Naquele momento, as frases do meu pai passavam em minha cabeça e, em uma atitude de muita alegria, eu disse: "Abrace-o, Jesus, por mim e diga a Ele que, daqui a algum tempo, eu estarei aí, com toda a família, os amigos, os parentes".

Jovem, preste muita atenção ao que está buscando. Escute, obedeça e cresça. Tenha interesse em fontes seguras. Não consulte novelas, coisas fúteis, gnomos, pedras, horóscopo, cartas. Essas coisas não falam, quem fala é Deus por meio das pessoas que o amam, viram você crescer. Se sua mãe não o tivesse amamentado, você não estaria vivo. Se seu pai não trabalhasse duro, em sua simplicidade e pobreza, você não estaria onde está agora.

Seus pais são seus amigos e as pessoas que estão ao seu redor também. Chega de jovem ignorante no meio cristão! Chega de jovem que, facilmente, desiste no meio do caminho! Você precisa aprender a crescer, tornar-se sábio. Está na hora de acumular coisas boas! Pegue todas as coisas erradas que você acumulou até agora e submeta-as a quem sabe mais do que você.

Pais, desliguem a televisão na hora da novela! Não deixem esses conceitos estúpidos e diabólicos entrarem em sua casa!

Muitos jovens tornaram-se homossexuais por receberem com frequência exemplos errados da TV. Também por meio da novela, muitos pais acabaram achando normal o adultério. Jovens não consideram mais a castidade, vivendo a famosa "primeira vez" fora da bênção de Deus. As consequências são doenças, gravidez indesejada, abortos, decepções e enganos.

Se os pais estão longe dessa realidade, não terão capacidade nenhuma de orientar os filhos pelo caminho reto. Existem mais mães viciadas em novela do que filhos em cocaína. Muito mais pais viciados em futebol do que filhos na maconha.

Hoje, os pais estão tirando o tempo que deveria ser compartilhado com o filho, por direito, para usá-lo em coisas sem importância. Assumam seu filho para que a prostituta, o traficante e as más companhias não o façam! E ainda que seu filho não aceite seus conselhos, não deixem de falar. Não desistam!

Filho, ceda um pouco mais, amoleça o coração, entenda que seus melhores amigos estão muito próximos de você.

Só levaremos para o Céu os que conquistarmos aqui na Terra: nossos parentes, a família que convive conosco e nos fez crescer em estatura, sabedoria e graça de Deus.

Se, um dia, por qualquer motivo, você quiser jogar tudo para o alto, sua vida, saúde, casa, família, seu namoro, trabalho, pergunte antes: "Pai, estou com vontade de jogar tudo para o alto e fazer essa loucura, o que o senhor acha?". Ele vai dizer: "Não faça isso, há muitos anos eu fiz isso e não deu certo". Escute-o e não faça isso!

Deixe-se encontrar

Devido às informações que recebemos por meio de músicas, jornais, revistas, novelas, filmes, internet, criam-se vários questionamentos no coração dos jovens, pois eles dão muito valor a tudo isso.

Porém, desprezamos com excessiva naturalidade a voz de Deus, que nos fala por meio de nossos pais, a quem as circunstâncias da vida proporcionaram experiências. Não temos o direito de desprezá-los em suas correções.

Deus utiliza-se de tudo para nos alcançar.

Quando Jesus andou na Terra, percorreu cidades e aldeias pregando o Evangelho nas sinagogas, realizando curas e milagres e libertando o povo de todo mal e de toda enfermidade. Ele se compadecia. Compadecer-se é o mesmo que "sofrer com". Era assim que Jesus se sentia ao ver a situação das pessoas. Ele sabia o quanto o povo precisava de cuidado.

"Ao ver as multidões, Jesus encheu-se de compaixão por elas, porque estavam cansadas e abatidas, como ovelhas que não têm pastor" (Mt 9,36).

Talvez você nunca tenha ido a uma fazenda de dependentes químicos, a uma casa de apoio ao portador do vírus HIV em fase terminal, a algum hospital do câncer, a um lar para idosos ou nunca tenha feito uma refeição com os irmãos de rua debaixo da ponte. Jesus fazia isso sempre. Ele andava pelos lugares mais obscuros, especialmente por aqueles em que ninguém gostaria de estar.

O Santo Padre, o papa João Paulo II, nos convocava "a ser aquilo que devíamos ser, assim colocaríamos fogo no mundo inteiro", como Sansão fez com as raposas que soltou no meio da plantação de trigo dos filisteus. E, portanto, deveríamos estar nesses lugares com um objetivo: incendiar, com o amor, o coração dos que sofrem.

Nascemos do sopro de Deus, por isso aceitamos o desafio de sofrer com os que sofrem, de experimentar a compaixão de Deus por eles, por meio de nós.

Os filhos de Deus estão perdendo a dignidade de filhos. Não temos tempo a perder ficando em casa de pernas para o alto, esperando que as situações mudem. A messe é grande, muitos estão se perdendo. É hora de ir ao encontro dos jovens, pois muitos precisam da nossa oração. Mas só conseguiremos dar os passos vivendo a radicalidade das propostas de Deus para nós.

Em nossas paróquias, nas pastorais, vivendo uma espiritualidade real, Deus nos proporciona a realização da missão de Jesus.

Nós, cristãos, não podemos simplesmente viver de congressos, nem de programas de televisão. Precisamos viver como uma vela que vai se desgastando enquanto queima no altar. Precisamos nos consumir pelo Evangelho, caso contrário, nada terá sentido.

Há muitos lugares onde a evangelização precisa acontecer. Jesus precisa ser conhecido e vivenciado. Deus precisa dos nossos olhos, das nossas mãos, dos nossos ouvidos, dos nossos pés, da nossa boca. Deus quer falar por meio de nós. Nossos membros precisam ser bem usados.

Magdala era uma região onde havia um grande quartel romano. Lá, muitos soldados passaram pela vida de uma mulher chamada Maria Madalena. Certo dia, porém, aquela mulher cruzou seu olhar com o de Jesus e percebeu alguma coisa diferente. Nunca mais ela foi a mesma pessoa. Jesus ganhou a sua alma. Quantas mulheres e rapazes estão por aí desejando um olhar como o de Jesus, querendo falar sem ter quem os ouça, querendo colocar para fora aquilo que os incomoda há anos, querendo tocar, sentir Jesus, sem ter quem os conduza.

Não diga "quem sou eu para ser usado por Deus?". Meu irmão, volto a dizer-lhe: Deus precisa de nossos membros santificados para poder falar, andar, ouvir, gesticular, enfim, conversar com as pessoas, que são o alvo do amor Dele. Mesmo diante da simplicidade de sua história, creia: Deus o escolheu.

Nasci em uma fazenda muito simples, não possuía nada. Lembro-me de quando tive a minha primeira cueca aos doze anos de idade. Ia ao banheiro de quinze em quinze minutos só para ver a tal cueca. Uma vida que, humanamente, não tinha nenhuma perspectiva de grandes voos.

Diante do meu nada, Deus me quis e disse: "É você que Eu quero".

Não por algum mérito meu. A iniciativa foi de Deus. Assim acontece com todos nós. Alguns entendem, outros não. "A colheita é grande" (Lc 10,2).

Estamos pedindo que o Senhor envie para a Igreja mais jovens PHN, que tenham coragem, que não queiram mais viver escondidos atrás do pecado e renunciem a todo tipo de timidez.

Analisando a vida de Jesus, em nossos tempos, constatamos que era muito corrida. Ele não parava um só momento... Muitos jovens encontraram-se com Jesus; dentre tantos, houve um encontro muito bonito:

Alguém aproximou-se de Jesus e disse: "Mestre, que devo fazer de bom para ter a vida eterna?". Ele respondeu: "Por que me perguntas sobre o que é bom? Um só é bom. Se queres entrar na vida, observa os mandamentos". "Quais?", perguntou ele. Jesus respondeu: "Não cometerás homicídio, não cometerás adultério, não roubarás, não levantarás falso testemunho, honra pai e mãe, ama teu próximo como a ti mesmo". O jovem disse-lhe: "Já observo tudo isso. Que me falta ainda?". Jesus respondeu: "Se queres ser perfeito, vai, vende os teus bens, dá o dinheiro aos pobres, e terás um tesouro no Céu. Depois, vem e segue-me". Quando ouviu esta palavra, o jovem foi embora cheio de tristeza, pois possuía muitos bens. Então Jesus disse aos seus discípulos: "Em verdade vos digo, dificilmente um rico entrará no Reino dos Céus" (Mateus 19,16-23).

Se você não tiver a coragem de deixar o que tem e preferir Deus, muito pouco Ele poderá fazer por você.

A riqueza, na visão humana, é dinheiro, poder e fama. Mas não implica só coisas materiais. Ser rico, para Deus, significa não temer, trocar tudo por Ele. Há muita diferença entre o ser pobre e o estar pobre. Existem muitos que estão pobres, mas não são pobres; também há muitos que estão ricos, mas não são ricos.

A riqueza consiste em dar tudo a Deus, deixando que Ele administre nossa vida para que o Seu desígnio aconteça. Não é aquele que tem muito que é rico, mas sim o que precisa de pouco para ser feliz.

Você tem dons, pureza e coragem! Então testemunhe Jesus Cristo, especialmente com aqueles que estão próximos de você. Deus está querendo devolver-lhe a liberdade de caminhar com os próprios pés. É hora de decisão! Se até agora você tem ido a lugares a que gostariam que você fosse, fique atento à voz de Deus. Ele o fez livre e não escravo.

Quando comecei a trabalhar, tinha treze anos de idade. O meu primeiro emprego foi de borracheiro. O primeiro pneu que troquei foi de um trator. Passei dias seguidos fazendo o serviço. Quase morri por causa do esforço que fiz, mas consegui. Depois de um mês de trabalho, tive a alegria de entregar o dinheiro nas mãos do meu pai.

Volte logo

Deus não quer vê-lo gastando forças e energia sem medir consequências. Canalize o que você tem de melhor para o Reino de Deus, que se instalou em sua casa. Faça o melhor para seus familiares, isso já é um grande começo.

No entanto, se você tem gasto suas energias nas boates, na prostituição, nas bocas de fumo, Deus não vai abandoná-lo. Mesmo que tenham sido quarenta anos de pecado, Deus quer ressuscitá-lo, assim como ressuscitou Lázaro. Mas o seu querer é importantíssimo.

Quando entrei para viver na Comunidade Canção Nova, disse ao fundador, monsenhor Jonas Abib: "Monsenhor, tenho dois desejos na vida: ver Jesus voltar e o Céu se abrir e morrer pela causa do Evangelho, desgastando-me pela missão".

Agora, acompanhe esta história:

Um dia, um artista estava pintando o quadro "A Santa Ceia". Quando estava quase pronto, percebeu que lhe faltavam dois rostos para que pudesse terminar a obra. Um rosto era o de Jesus, o outro, o de Judas. Ele não conseguia achar inspiração e saiu a procurar.

Chegou a um determinado lugar, ouviu alguém cantando maravilhosamente bem e disse: "Que voz linda! Quero entrar lá!". Entrou, viu a fisionomia e pensou: "É este o semblante que desejo para o meu quadro!".

Levou-o, então, para o seu ateliê e o desenhou. "Está pronto o rosto de Jesus, falta-me o rosto de Judas".

Aquele homem andou o mundo inteiro e não conseguiu encontrar o rosto de Judas. Sua busca durou dez anos.

Certo dia, passando por um determinado lugar, com o seu quadro incompleto, presenciou uma grande discussão.

Percebeu que um dos homens gritava e quebrava tudo o que via pela frente. Deduziu que, pelo tom de voz, o semblante serviria para o quadro. Quando viu o rosto, não teve dúvidas: "É este semblante que desejo!".

Chegou a pagar um valor alto, mas, quando o pintor começou o trabalho, aquele homem não se deixou desenhar.

O pintor então disse: "Preciso daquele mesmo semblante que você fez na discussão para que eu possa pintá-lo".

Aquele homem começou a chorar sem controle, desesperadamente. O pintor não compreendia o porquê daquele choro. Entristecido, o homem disse: "Há dez anos eu estava aqui, sentado, e você me pintou porque eu tinha o semblante de Jesus. Por favor, me ajude...".

Na última ceia, Jesus disse para João a respeito de quem O iria trair: "É aquele a quem eu der um bocado passado no molho" (Jo 13:26).

Naquela época, era uma honra receber da mão do anfitrião o pão embebido, o que demonstra a quem o Mestre mais amava. Cristo deu mais amor àquele que iria traí-Lo.

Não sei se você traiu Jesus durante a sua vida, só sei que você é uma pessoa muito amada. Volte logo! Jesus foi até as profundezas a sua procura. Já o encontrou, portanto, deixe-se encontrar por Ele.

UMA ESCOLHA DE VIDA

Jesus é um especialista em se aproximar daquilo que é impuro. Não se assuste com essa afirmação, pois foi assim com os leprosos, os endemoniados e os mortos; sempre os tocava. Ele os purificava devolvendo-lhes saúde, libertação, vida, tudo o que o pecado lhes retirara.

Os leprosos não moravam na cidade, porque eram banidos da sociedade. Eram expulsos para fora dos muros da cidade e iam morar em cavernas úmidas, escuras, silenciosas e cheias de vermes. Assim eram condenados à morte aos poucos, porque a lepra queima, consome e aniquila as células. Por esse motivo, o olho, o nariz, a orelha começavam a cair. E morriam apodrecendo, vendo a destruição uns dos outros, sem nada poder fazer.

Algo semelhante acontece hoje em relação à lepra do pecado, que vai destruindo, pouco a pouco, quem se entrega ao mal.

Jesus ia comer nas casas dos ladrões e dos cobradores de impostos. Ouvia-os e argumentava com eles sem deixar de falar das coisas do alto.

A sociedade não valorizava uma viúva. Jesus se compadeceu da viúva que ia enterrar seu único filho e ressuscitou-o, tocando na padiola[5] considerada impura.

Jesus sabia que, ao meio-dia, aquela mulher pecadora, adúltera, iria buscar água no poço. Ela, por sua vez, sabia que naquele horário não apareceria nenhum judeu por ali, porque, além de ser samaritana, tinha uma vida de pecado, e era excluída da sociedade. Ele esperou aquela mulher e lhe ofereceu a água viva do Espírito Santo para que nunca mais tivesse sede.

Jesus curava em dia de sábado. Neste dia, os fariseus não faziam nada. Jesus dizia que o sábado fora feito para eles, e não eles para o sábado. Jesus não se deixava intimidar. Era especialista em tornar puro aquilo que era impuro, porque tudo o que Deus toca é santificado.

Assim também aconteceu com você. Jesus o tocou. Sabemos que o primeiro impulso não é nosso, é Deus movendo todas as situações. Ele Se aproxima do homem com todas as suas fragilidades e impurezas. Aquilo que o mundo critica, que poderia ser uma lepra, Jesus toca e cura.

[5] Leito de emergência para transporte de feridos ou doentes. (N.A.)

Tudo o que foi edificado nas bases do mal, da malícia, está ruindo. Deus levanta o "novo". E o novo é você. Uma juventude santa que diz "não" ao pecado.

Ao ver nossa casa muito suja, nosso impulso imediato é pegar uma vassoura, muita água e limpá-la, porque é desconfortável vê-la tão suja. Assim, Deus está levantando uma juventude nova para limpar a casa.

O jovem, muitas vezes, encontra-se confuso, e o único jeito de fazer com que fique novamente ligado aos planos de Deus é declarar-se inimigo do mundo e amigo Dele.

Desde o começo, Deus disse: "Porei inimizade entre ti e a mulher, entre a tua descendência e a dela" (Gn 3,15).

Você é descendente de Nossa Senhora, é dessa geração bem-aventurada, por isso assuma hoje sua posição: "*Não posso compactuar nem admitir a possibilidade de estar convivendo com aquilo que é funesto à vida, que é proveniente do pecado. Vou conviver com o pecador, vou me aproximar dele, vou estar com ele, mas não vou compactuar com as suas atitudes, com os seus pensamentos e sentimentos*".

Dois caminhos são apresentados em nossa vida, e é preciso fazer a opção pelo caminho certo. Abandone tudo o que não presta e declare-se amigo de Deus.

"De onde vêm as guerras? De onde vêm as brigas entre vós? Não vêm, precisamente, das paixões que estão em conflito dentro de vós?" (Tg 4,1).

De onde vêm os conflitos entre pais e filhos que vivem nas drogas, que vendem tudo o que há na casa dos pais, endividando-os, para comprar drogas? De onde vêm os filhos engravidando as filhas dos outros, filho declarando-se inimigo dos pais, a violência em casa?

Nos encontros de evangelização que temos realizado nesses últimos tempos, tive a graça de receber em minhas mãos muitas drogas trazidas por jovens. Eram impulsionados pelo amor de Deus a tomar essa decisão. Eu jogava toda a droga no vaso sanitário e ficava olhando até que descesse tudo. Este é o lugar da droga, e você, jovem, não é vaso sanitário!

Portanto, não se exclua do grupo dos santos que estão do lado de Deus. Tendo um preservativo no bolso, você está evitando o Céu, está se excluindo, não do grupo de risco, mas do grupo dos santos. Solução para a Aids não é uso de preservativo, como a mídia nos mostra. A nossa proteção, a solução, é ser santo e casto.

"Santificai-vos e sede santos, porque eu sou santo" (Lv 11,44).

Quando vejo os irmãos da Toca de Assis andando pelas ruas, limpando as feridas dos mendigos, levando-os para a casa de recuperação onde o padre Roberto está com os toqueiros, dando banho e passando desodorante neles, penteando seus cabelos, dando-lhes sopa, digo para mim mesmo: "O mundo precisa de malucos como eles. O mundo precisa ver isso. Esses são os verdadeiros jovens". Assim também como os jovens que visitam a Canção Nova, nos acampamentos, são jovens que enchem nosso coração da alegria que nos faz seguir sem desanimar.

Optando pelo Senhor

Os prazeres do mundo guerreiam em nossos membros. A alma grita pela santidade, porém a carne pede o pecado, o prazer. Existe uma briga dentro de nós e é preciso tomar uma posição.

Cobiçais, mas não conseguis ter. Matais, fomentais inveja, mas não conseguis êxito. Brigais e fazeis guerra, mas não conseguis possuir. E a razão por que não possuís está em que não pedis. Pedis, sim, mas não recebeis, porque pedis mal. Pois o que pedis só quereis esbanjá-los nos vossos prazeres. Adúlteros, não sabeis que a amizade com o mundo é inimizade com Deus? Assim, todo aquele que pretende ser amigo do mundo torna-se inimigo de Deus (Tiago 4,2-4).

Como posso ser inimigo de um Deus que morreu na cruz por mim?

Jesus ficou irreconhecível na cruz. Tiraram Suas vestes, cuspiram Nele, perfuraram Seu peito com uma lança, bateram em Sua face. Ofereceram-Lhe o fel (uma espécie de droga, um líquido que o condenado tomava para amortecer seus órgãos internos), mas Jesus recusou, pois queria sentir dor por nossa causa. E, como se não bastasse tanta dor, em meio a tantos deboches, Jesus foi abandonado pelos discípulos, com exceção de João. O Messias, o Filho de Deus, pedia que os soldados fossem perdoados. É assim que Jesus nos ama.

Ou julgais ser em vão que a Escritura diz: "Com ciúme anseia por nós o Espírito que nos habita"? Mas ele nos dá uma graça maior. Por isso, a Escritura diz: "Deus resiste aos soberbos, mas concede a graça aos humildes". Submetei-vos pois a Deus, mas resisti ao diabo, e ele fugirá de vós. Aproximai-vos de Deus, e ele se aproximará de vós (Tiago 4,5-8).

A partir de hoje, Deus vai controlar, ungir e direcionar você. E tudo de errado que aprendeu na vida, na área da sexualidade, você esquecerá, pois não passa de orientação barata que o mundo oferece. Para que você tenha um casamento santo, é necessário que tenha uma sexualidade santa, pois foi Deus que a criou. Sua esposa precisa ser amada, não frustrada. Não caia no pecado. Se você quer ter muitos anos de felicidade quando se casar, é preciso que se controle agora, enquanto é jovem, para viver de maneira equilibrada a sua vida conjugal, pois pessoas casadas enfrentam tentações próprias da vida de casados.

Seu futuro esposo ou sua futura esposa agradecerá a você por ter-se mantido casto até o casamento e realizará o ato conjugal na santidade. Deus abençoará o seu casamento. Ele será cheio da unção de Deus e de alegria. Você experimentará o casamento na santidade.

Somos filhos de Deus, temos o Espírito Santo. Somos bem orientados, é por isso que essa geração PHN tem de nascer no Brasil e estender-se para o mundo. Isso só acontecerá quando rejeitarmos o pecado e todos os prazeres passageiros que ele oferece, pois a carne se cansa do pecado, enquanto a alma tem saudade contínua de Deus.

Quando cantei, pela primeira vez, uma canção que se chama "Restauração", havia um jovem que estava na cama pesando apenas trinta quilos. Ele experimentara cocaína uma única vez, com uma seringa; foi o suficiente para contrair o vírus HIV. Ele já não usava roupa nem cobertor, apenas uma toalha leve por cima do corpo. Muito triste dizia: "Usei a droga uma única vez, o suficiente para me colocar nesta cama".

Nós o levamos para a capela e, diante do Santíssimo, cantamos a canção olhando uns para os outros. Esse jovem já morreu, hoje está no Céu com seu corpo glorioso. Mas, se ele tivesse recebido esse anúncio antes da primeira picada, talvez estivesse lendo este livro. Se formos fortes e decididos, chegaremos, antes da morte, à vida de alguns amigos que Deus colocará em nosso caminho.

Hoje são milhões de jovens, crianças e adultos que, infelizmente, usam drogas como se fossem solução, enganam a si mesmos e tentam convencer uns aos outros de que estão certos. Quando um jovem cheio do Espírito Santo se aproxima de um argumento novo, ou seja, do Evangelho, isso destrói o pecado; precisamos ser mais ousados, arriscar-nos mais. Deus quer nos usar para salvar nossos amigos que padecem.

A proposta do bem convence muito mais do que a proposta do mal. Portanto, se formos à luta, se levantarmos essa bandeira, tiraremos milhões das drogas.

Precisamos lutar também por uma vivência casta nas amizades, no namoro. Sem dúvida, o namoro de jovens cristãos tem sido uma grande ferramenta de restauração para jovens que estão lutando contra as drogas.

Os jovens que sonham com um relacionamento sincero precisam construir um namoro sadio para chegar ao casamento. Para que haja um bom casamento, é necessário um bom noivado. Para que haja um bom noivado, é necessário um bom namoro. Para que haja um bom namoro, é necessária uma boa paquera. Para que haja uma boa paquera, é necessário estar em um ambiente santo, que favoreça uma conversa santa, uma boa amizade. É uma graça para o jovem casar-se na hora certa e com a pessoa certa. É frustrante casar-se na hora errada, com a pessoa errada e do jeito errado.

Mesmo casando na hora errada, mas com a pessoa certa, apesar das dificuldades, tudo vai se ajeitando. Mas, para casar com a pessoa certa, é necessário procurá-la no lugar certo, da maneira certa. O jovem PHN precisa aprender que é na comunidade que encontrará a pessoa certa, não nas boates, nas ruas, no mundo. A juventude PHN está nascendo. Estamos vendo, não dá para negar, está nascendo uma geração nova.

Lembro-me de quando fui, pela primeira vez, a um encontro do monsenhor Jonas Abib. Eu estava estragado pelo mundo, drogado, prostituído, com olhar triste, e disse para mim mesmo: "Vou a esse tal de rebanhão e, se não gostar, pego aquele trem e volto para casa". Quando cheguei àquele rebanhão em Cruzeiro, interior de São Paulo, vi o padre pregando e, ao lado dele, o Nelsinho Corrêa. Fiquei no meio da quadra, de costas. Peguei o folheto e comecei a ler, depois chorei muito. Quando olhei para os lados, percebi que metade da quadra estava olhando para mim. Virei e fui para o cantinho do palco, bem próximo ao padre, e foi, naquele momento, que comecei a ouvir com mais atenção o que Deus sempre quis me falar.

Eu faço parte de uma nova juventude, uma nova geração. Somos sementes de uma nova geração. Um novo mundo está surgindo. Olhe ao seu redor, é urgente sua conversão. Você será bênção para seus amigos e para as pessoas que o conhecem e, quando descobrir a alegria que pode causar nos corações cansados, abatidos e desacreditados, você terá a sensação de ser alguém realizado.

A escolha é sua!!!

POSFÁCIO

QUERER DESCOBRIR E SABER ESCOLHER

No PHN aprendemos que o dia de ontem não existe mais, por melhor ou pior que ele tenha sido. Também aprendemos a não ficar com medo do amanhã, pois ele ainda não chegou. O PHN ensina-nos, enquanto jovens, adultos, idosos e crianças, a sintetizar a nossa vida no presente, a viver "para valer" o único dia que nós temos: hoje.

E, se só existe o dia de hoje, preciso estar, talvez não preparado, mas ao menos na expectativa pela vinda definitiva de Jesus Cristo. A qualquer momento, Ele vai voltar, e pode me encontrar caído, mas, se assim for, que seja caído no campo de batalha, lutando contra o pecado!

Mesmo tendo vivido em estado de PHN, lutando, nós perderemos algumas batalhas e precisaremos ir ao confessionário. Se Jesus me encontrar caído, no campo de batalha, certamente não me encontrará em adultério, mas apenas em uma queda que levei enquanto lutava. Ele entenderá que caí enquanto batalhava contra o mal.

Quanto aos tempos e momentos, irmãos, não precisais que vos escrevamos. Vós mesmos sabeis perfeitamente que o dia do Senhor vem como um ladrão durante a noite. Quando todo o mundo estiver dizendo: "Paz e segurança", então, de repente, cairá sobre eles a ruína, como as dores sobre a mulher grávida. E não conseguirão escapar. Mas vós, irmãos, não estais nas trevas, de modo que esse dia vos surpreenda como um ladrão. Vós todos sois filhos da luz e filhos do dia. Não somos da noite nem das trevas. Portanto, não durmamos, como os outros, mas vigiemos e sejamos sóbrios (1 Tessalonicenses 5,1-6).

Se você se embriagou, brigou com alguém especial, faltou à missa, não convém remoer tudo isso em seu coração, pois você já se confessou. Não estou diminuindo a sua culpa, mas fazendo-o enxergar que o ontem não existe mais. Devemos trabalhar somente com o hoje. Se você cair, será por fraqueza; e para isso existem a confissão e a Eucaristia, que podem fazer de você uma pessoa forte.

Esperemos com grande expectativa a vinda do Senhor, vivendo bem o hoje. Mas não esperemos por este grande dia sozinhos, pois somos seres criados para viver em comunidade. É por isso que o amigo surge como pessoa do próprio Deus, dizendo: "Nós vamos esperar juntos!".

Eu me lembro da passagem dos dez leprosos, que deveriam ser muito amigos. Eram pessoas doentes, colocadas para fora da cidade. As pessoas sadias não se aproximavam deles, apenas iam até determinado lugar, deixavam comida para eles e voltavam para a cidade.

Aqueles dez leprosos se tornavam amigos na provação, na dor, já que assistiam à morte uns dos outros. Como os verdadeiros amigos, foram provados em horas difíceis.

Jesus passou e eles gritaram: "Jesus, Mestre, tem compaixão de nós". A lei da época dizia que, se porventura, alguém fosse curado da lepra, deveria se apresentar ao sacerdote para receber uma carta dizendo que havia sido curado. Jesus sabia disso e não os curou.

O Senhor poderia fazer uma simples oração e a doença sumiria do corpo deles. Seria um espetáculo maravilhoso! Todos ficariam espantados e maravilhados. Mas Jesus não os curou. Ele olhou para aqueles dez leprosos e disse: "Vão e apresentem-se ao sacerdote".

Diz a Bíblia que enquanto eles estavam a caminho, um por um, recebiam a cura da lepra. Vendo que todos estavam se curando, festejaram entre si. Quando chegaram ao sacerdote, finalmente ganharam a carta que atestava a cura.

Pessoas que caminham comigo têm visto em mim algumas lepras, que são os meus pecados. Nem sempre posso vê-los, mas aqueles que estão próximos a mim, sim. Se eu não me decidir a ouvi-los e lutar contra o pecado, não serei curado. E algumas lepras devem ser enfrentadas durante toda a vida... É preciso descobrir os nossos pontos fracos e trabalhá-los, a fim de vivermos em plenitude o PHN. Precisamos escolher o nosso caminho: lepra ou plenitude?

Acredito que você terminará este livro com a certeza de que caminha rumo à maturidade espiritual. No entanto, para crescer bem, é necessário querer descobrir e saber escolher. Esses dois aspectos são fatores essenciais para um verdadeiro crescimento.

Existem pessoas que têm medo da descoberta. E outras trazem uma enorme aversão à escolha. Vivem na acomodação. Não querem mais descobrir nem fazer as escolhas, e deixam que outras pessoas escolham por elas. Para crescer em sabedoria, em estatura e em graça, a exemplo de Jesus, é preciso querer descobrir as graças que Deus tem reservado para nossa vida.

Nesses meus anos de PHN, tenho pedido a Deus a graça de jamais me acomodar diante das descobertas que preciso fazer e de tudo aquilo que o Senhor tem reservado para mim. A cada dia eu posso optar, posso fazer escolhas. Eu me decido a amar, não são os outros que decidem por mim. Eu me decido! O jovem que é jovem de verdade não desiste de seus pais; o amigo de verdade não desiste de seu amigo. Ele faz as escolhas e se decide pelo bem. A Palavra de Deus nos ajuda a compreender esta realidade:

> *O Reino dos Céus é como um tesouro escondido num campo. Alguém o encontra, deixa-o lá bem escondido e, cheio de alegria, vai vender todos os seus bens e compra aquele campo. O Reino dos Céus é também como um negociante que procura pérolas preciosas. Ao encontrar uma de grande valor, ele vai, vende todos os bens e compra aquela pérola (Mateus 13,44-46).*

A pessoa da passagem do Evangelho vendeu tudo o que possuía para ficar com aquela pérola. Saiba que Deus não vai lhe pedir para vender todos os seus bens, mas pedirá que você invista tudo o que possui para ficar com esse tesouro! Você não leu este livro até aqui para "ver as palavras do Dunga". Você o leu para encontrar o maior tesouro da sua vida: Jesus Cristo.

Agora é a hora da decisão. Agora é a hora da grande troca. Você está no momento oportuno para fazer esse "câmbio". E sabe quanto custa este campo com o tesouro? Nada. Você que vendeu a sua mente, o seu corpo, a sua índole, o próprio caráter e a própria personalidade para fazer parte de um determinado grupo, saiba que Jesus não cobra nada por este tesouro. É grátis! É pura graça de Deus!

O negociante dessa passagem bíblica procurava por pérolas. E você também, no campo da sua vida, procurou o seu tesouro em seitas, em vícios, em lugares errados. Talvez em seu próprio intelecto. E você se deu mal! Até que chegou aqui. Agora, faça as contas daquilo que você foi acumulando durante toda a sua vida. Some a quantidade de cocaína, de maconha consumida, mais a quantidade de preservativos e todos aqueles outros vícios. Já somou? Então agora coloque o resultado final ao lado do nome "Jesus".

Entendeu? Você vai se desfazendo de tudo isso para ficar com o tesouro mais valioso, que é Jesus Cristo. Hoje estou convidando você a ser o homem mais rico e o mais pobre do mundo ao mesmo tempo. Vender tudo, não ter mais nenhum bem, ser pobre e, ao mesmo tempo, adquirir o tesouro mais valioso, que é Jesus Cristo. Assim você será o mais rico e o mais pobre ao mesmo tempo.

Coloque hoje, na sua mão, esse tesouro encontrado. Você é a pessoa mais rica da face da Terra! Bem-vindo ao mundo dos milionários, porque você é a pessoa mais rica por ter encontrado Jesus. Mas também preciso lhe dizer: bem-vindo à pobreza. Você já não possui bem algum. Abriu mão de tudo por causa do tesouro que você encontrou. É algo incrível, maravilhoso, ser o mais rico e o mais pobre ao mesmo tempo, mas, para isso, é preciso saber escolher. Não deixe que os outros escolham por você. Saiba fazer as escolhas certas, as boas escolhas.

Talvez você esteja procurando o amor de sua vida, alguém que respeite cada milímetro do seu corpo. É a alegria da descoberta. E isso é bem melhor do que "ficar" aqui e ali, só adquirindo mais machucados na alma, tentando encontrar por acaso a pessoa amada. O caminho para encontrar o verdadeiro amor não é esse. Sou casado com a Neia há 25 anos e sou o homem mais feliz do mundo. Mas isto é fruto de uma descoberta. Queira que a sua vida seja assim: uma contínua descoberta em Deus. A sua vida não é fruto do acaso.

Quando vivemos no pecado não conseguimos fazer essas importantes descobertas. Certa vez, o Ricardo Sá me deu um livro que tinha a seguinte mensagem: "A maior alegria de Deus é ver acontecer os sonhos Dele na vida de Seus filhos". Descobrir isso mudou a minha vida. Deus sonhou isso tudo para mim! A minha vida é um sonho de Deus!

Portanto, descubra e escolha. Escolha e descubra. E quem faz isso não caminhará em uma vida errada. A decisão é sua! E todos aqueles que torcem por você, seus pais, seus amigos, irão vibrar de alegria ao ver que você tomou a melhor decisão da sua vida. Coragem! Abrace a restauração.

Hoje começa um novo tempo para você. Você encontrou o maior tesouro de todos: Jesus Cristo. Ele acolhe você. E, a partir de agora, começa um tempo de novas descobertas em sua vida.

Homens Novos para
Um Mundo Novo
Canção Nova

Este livro foi composto utilizando
as fontes Adobe Garamond e Trajan
e impresso pela Geográfica
para a Editora Planeta,
em março de 2015.